Po trochu wszystkiego

STANISŁAW PYSEK PRUSIŃSKI

Copyright © 2019 Literally Literature
All rights reserved.
ISBN-13: 978-1-970090-17-8

Piąty tom:

Po trochu wszystkiego

Tworzyć

Tworzyć i umieć a więc rozumieć
Nie tylko siebie lecz otoczenie
Pogłębiać wiedzę nie zmieniać twarzy
Nigdy nie wiemy co się wydarzy.

Spisana mądrość we wielkie księgi
Zawiera moce wszelakich myśli
Czasem popuszcza wodze fantazji
Warto korzystać z lektur okazji.

A dawni wielcy w odległych wiekach
Teraz niemodni w dzisiejszych czasach
I zapomniani pokryci kurzem
Mieszczą się w wielkich drewnianych szafach.

Świat się powtarza i brnie do przodu
Strudzona ziemia plony wydaje
Wszystko jest piękne modne wspaniałe
I z każdą chwilą nowe nastaje.

Porady i rady

Nie pukaj nie szukaj siedź cicho
Nie obżeraj się bo to niezdrowo i nieładnie
Pilnuj się schowaj dobrze co już zwinąłeś
Bo jak złapią wylądujesz na dnie.

Uprawiaj sport turystykę i podchody
Nie chodź nocą bo dopadną ciebie zbóje
Pij kozie mleko i sparz gorącą lipę
Nie żryj wołu i tłustej kiełbasy
I odkładaj przyjdą gorsze czasy.

Zachowuj posty nie pal mostów za sobą
Bądź odważny omijaj słowa głupie
Nie przejmuj się jak trzeba przywal
Patrz przed siebie miej wszystko co złe w d...

Prognozy

Pogoda się popsuła ziąb na dworze
Padają ulewne deszcze
Co jutro będzie to nie wiadomo jeszcze
Może wulkan wybuchnąć wyciec lawa
Sytuacja bardzo groźna nieciekawa.

Ktoś z rodziny odejdzie ciotka czy babcia
Wpadłeś w poślizg i zaliczyłeś kapcia
Dostaniesz mandat za szybką jazdę
W dodatku skasowałeś Mazdę.

Być może w nocy okradną
Osy dopadną
Wrócisz z baru bosy i cóż
W buzi sucho a w plecach tkwi nóż.

Obudził się przetarł oczy toż to sen
Przespał grubas niemalże cały dzień
I pomyśleć ma szczęście łysa pała
Gdyby nie spał i senność go nie wzięła
To by go ta sytuacja nie ominęła.

Menda i legenda

Marszałek ujął oburącz miecz
I głośno wrzasnął komuna precz

Po trochu wszystkiego

Oni się śmieją po takim popisie
Bo tak naprawdę mają to w zwisie
Nic im nie będzie dobrze się mają
I na platformie ot tak bujają.

I krzyk się wielki podniósł na sali
Prezes gdzieś zniknął wrzeszczy sprzątaczka
I pokazuje ręką ku górze
Usiadła sobie beztrosko kaczka.

Machnęła skrzydłem nagłe przebicie
Prąd ją poraził została w zwisie
I się biedaczka tak przysmażyła
Biednego kota osierociła.

Łysy

Nie mam włosów na głowie
Młodo stary ale nie narzekam
Tak mi przykro gdy na siebie w lustrze patrzę
Jakiś włosek koło ucha mi tylko wisi
Nie podobam się Ani i Krysi.

A buzia gładka tak sobie niczego
Na polanie nie urośnie zwykłe drzewo
A może to jest miejsce dla tabaki
Lub zwyczajne kolczaste krzaki.

Nie przejmuj się łysku jakoś będzie
Gęste włosy to jednak nie wszystko
Głowa gładka i lśni jak but pastowany
Możesz wykorzystać pod prywatne lotnisko.

Z reguły łysy to porządny nigdy zły

Na jego głowie łysej nie zalęgną się nawet pchły
Nie pośledzisz owada i zwykłej kawki
Z powodu nietypowej ślizgawki.

Atrakcyjne dziewczyny

Atrakcyjne dziewczyny są wszędzie
Poruszają się bezszelestnie jak motyle w górze
Spotykamy je codziennie na ulicy na plaży
W kawiarni w restauracji na rurze.

Atrakcyjną dziewczynę można sobie wymarzyć
Wszystko się może wydarzyć
Atrakcyjnej dziewczyny nie trzeba się wstydzić
Uprzedzam broń Boże dotknąć
Gdy tego nie widzi.

Ponieważ można dostać w lampę
I wypaść za metalową ramę
Nieatrakcyjnie połamany gość
Ma dość.

Dlaczego uśmiech jest pożądany

Śmiech stworzył pech nazwany rechotem
Wyginają się usta do góry i z powrotem
To forma rozrywki i wybuchy radości
Śmiech nam upiększa mądrości.

Uśmiechy dzielą się na pojedyncze i zbiorowe
Nietypowe beztroskie proste i złożone
I bez treści śmiech z byle czego
Z kogoś do kogoś lub tak do rozpuku
Z chęci dla poprawy pamięci

Po trochu wszystkiego

I podczas japońskiego seppuku.

Śmiech podczas jazdy i na postoju
Krowa uśmiecha się kiedy ją wydoją
Konik który dostał owies w obroku
I pijak oparty na płocie
Dużo uśmiechów na co dzień i życzenia
Śmiech w naszym życiu tak wiele zmienia.

Śmiejąc się rozpraszamy troski
Życie jest prostsze i problemy mniejsze
Więc śmiejmy się bo to zdrowo i znikną nerwy
Tylko pamiętajmy nie śmiejmy się bez przerwy.

Tryby

Ktoś kto być chce rencistą tak gdyby
Mieć wolny czas chodzić do lasu na grzyby
Odpoczywać i mieć wszystko z głowy
Problem jest trzeba być chorym a nie zdrowym.

Cóż więc zrobić być chorym na niby
Stękać palić przygłupa
Gorączka rozpalone skroni
Chorobę widać jak na dłoni.

Postanowił spróbować być rencistą
Naprawdę tak gdyby
Tak po prostu włożył rękę w tryby
Postąpił głupio bezmyślnie i nieczysto
Pomyślał teraz zostanie rencistą.

Przez przypadek zapomniał o stopie
Został rencistą w taki sposób

Jutro grabarz mu dołek wykopie
Leży zatem biedaczek siny i spięty
Nie zdążył pobrać nawet grosza renty.

Serduszko puka

Serce to organ niezastąpiony
W każdej osobie Władku i Krysi
Także w koniku czy zwinnej małpce
Ciężko haruje i w środku wisi.

Gdy serce stanie to już jest klapa
Wąsy opadły i biust do dołu
To tarapaty i głupia mina
Płuca zastygły oddechu nie ma.

Żeby najdłużej życie zachować
Musisz po prostu serce szanować
Dzielić się chlebem oraz radością
Jak się zakochać to z wzajemnością
Unikać dymu wszelkiej rozróby
Nie leczyć kaca codziennie z rana
Wtedy batalia o mocne serce
Na sto procent będzie wygrana.

Wracaj

Stworzeni do życia na ziemi
Od wczesnego poranka aż się ściemni
Szukamy miejsca gdzie być i marzyć
A wszystko się może nam przydarzyć.

Gniazdo rodowe i słomiana chatka
Zapracowany ojciec i zatroskana matka

Po trochu wszystkiego

Mimo lat rozstania gdzieś za granic ścianą
W twej pamięci na zawsze pozostaną
Mimo że jesteś daleko wracasz za każdym razem
Do domu rodzinnego i lat dziecinnych marzeń.

A co tam

A co tam się mieści daleko
W przestrzennej nieskończonej próżni
Na pewno jest inaczej
Zwyczajnie luźniej.

Mijają się wibrujące dziwno kształtne
Meteoryty i planety
Szkoda że bardzo mało wiemy o kosmosie
Niestety.

Jak daleko zatem do nieba
Obiecanego nam raju
Odpowiedzi nie ma
Mimo to wszyscy wierzą i ufają.

Pielgrzymujemy do wieczności
Duchowego życia
Które będzie dane nam
A co dalej tam?

Co nasze jest?

Co nasze jest?
Wielkie łanów dojrzałe zboże
Gitara stara zapora wodna
Dzieląca szalejące fale wodne
Ciuchy modne a może igła w stogu siana.

Czy może piętrowa chałupa
Talary zakopane pod gruszą
Koszule i spodnie co w ogrodzie
Na sznurku się suszą.

Nasze są tylko marzenia
Chleb spożywany codziennie
Często może postny i suchy
Spojrzenia tęsknoty i żale
To wszystko się mieści na szalę.

Związani czasem z ziemią matką
W zrodzonym człowieczym ciele
Wszystko co nasze przeminie
Co było nasze? wiele i niewiele.

Szlachetne cele osiągać to

Osiągać cele szlachetne to żyć długo
Służyć ludziom iść drogą stworzoną
Przez odmęty omijać przynęty
Myśleć pracować osiągnąć sporo
A w rezultacie nic.

Zmęczony po tej ciężkiej pracy
Dorównujesz pracowitej mrówce
Miotasz się królu w zamkniętym ulu
I królewną w środku.

Przypadkiem stąpnął nierówno
Zabrakło na chwilę oddechu
Co będzie twoją pociechą
W ulu pełnym słodkiego miodu

Na twój widok dziwolągu
Pszczoły uderzyły w śmiech
To przeznaczenie a może tylko pech.

Co dalej?

Kimkolwiek byłeś jesteś i będziesz
Pracujesz myślisz modlisz się cicho
Jesteś upartym magistrem prawa
Czy pomyślałeś być może kiedyś
Co to jest istnieć? Życiowa sprawa.

Kiedy dlaczego jak to się dzieje
Nastała powódź ogień szaleje
Czy wielkie susze fakt nieomylny
Nic nie poradzisz jesteś bezsilny.

Wczoraj minęło i śladu nie ma
Nic się nie zmienia pomimo zdarzeń
Zostają troski o dzień co przyjdzie
Osnute otuchą marzeń.

Co może zdarzyć się sen z oczu spędza
Wokół szarańcza bród smród i nędza
Czas niespokojny rozruchy wojny
Niesmak do życia pełznie z ukrycia.

Przemóc niechęci myśli przeganiać
W głowę zachodzić na nogach słaniać
I szukać prawdy jak igły w siana stogu
Zbytnio nie martwić się co będzie dalej
Plany życiowe powierzyć Bogu.

Nie chciał być królem

Nie chciał być królem
Nie bez powodu władcą narodu
Choć go proszono i namawiano
Posłuszeństwo i góry złota obiecywano.

Pan był uczony i dużo umiał
Co to być królem dobrze rozumiał
I dobrze wiedział dużo na tyle
Że w tym królestwie same debile.

Więc pan zadziałał miał mało czasu
Do pobliskiego udał się lasu
I z pustelnikiem spotkał się skrycie
Ten przepowiedział mu dalsze życie
I co ma robić by wyjść z opresji
Żeby nie wzbudzić w ludziach agresji.

Kto się domyśli jak pan zadziałał?
W wielkiej komnacie zjadł danie pierwsze
Udziec barani a potem zupę
I popił winem
Spojrzał ostatni raz na chałupę.

Oznajmił wszystkim
Z ogromnym bólem
Nie chce być królem.

I pan zakończył z takim wynikiem
Nie chciał być władcą jest samotnikiem
W innej krainie jak sami wiecie
Z królestwa złoto wywiózł w karecie.

Rozmowa z czasem

Jestem z czasem za pan brat
Wiedziałem od dawna zawczasu
Że bardzo zależny jestem od czasu
Ale kiedyś nie wytrzymałem i zapytałem.

   Powiedz mi drogi czasie
   Przecież mnie tak dobrze znasz
   Dlaczego i dokąd się tak ciągle śpieszysz
   I jaki cel w tym pośpiechu masz?

   Co odpowiem
Nie pytaj
Powiedział czas
   Nie zadawaj głupich pytań!

   Nie musisz się gniewać
   Min robić głupich wyżymać
   Chciałbym ale nie mogę się zatrzymać
   Jestem jak na wietrze liść
   Przykro mi muszę do przodu iść.

Nie odpuszczam i ponawiam pytanie
To nie w porządku
Zaczynam od początku
   Nie możesz chociaż dla mnie czasie
   Zrobić tego jednego wyjątku
   Byłoby tak przyjemnie
   Czas zatrzymał by się we mnie.

Czas spojrzał groźnie
Zrobiło mi się głupio i nieprzyjemnie
Nie daję za wygraną i proszę

A może by tak czas cofnąć do tyłu
Młodszym by się przynajmniej było
Wyjątkowo proszę zrób to dla mnie czas
Tak jeden jedyny raz.

Czas uśmiechnął się ostatni raz
Nic nie odrzekł tylko nacisnął na gaz
Do dechy ruszył do przodu
Powąchałem spaliny o dziwnym zapachu
I tak zostało i żyję jakoś brachu.

Kaprysy wiosny

Melancholijne ciemne wieczory
Niezdarnie spędzane opieszałe chwile
Było tak fajnie słonecznie ciepło
Ale dni kilka jakby przez chwilę.

A więc mamy wiosnę w najlepsze
Świeże zapachy ciepłe powietrze
Zielona trawka wyjrzała raźnie
A na gałęziach wysmukłych drzewek
Widać jak pąki pną się odważnie.

Żwawa ptaszyna nutę ucina
Kto by pomyślał zimy już nie ma
Wiosna jak nigdy koniec lutego
Prysnęła radość w marcu jak w garncu
I nici z tego.

Zima powraca mrozek się wkurzył
Na dworze sypie gęsty śnieg z deszczem
Nadzieje prysły na ocieplenie
Co ty zła zimo pokażesz jeszcze?

W marcu jak w garncu lekka przesada
Śnieg nie odpuszcza i sobie pada
Do łask wróciły sanki i bryczki
Kurtki szaliki i rękawiczki.

Prosić o wiosnę pisać petycję
Do Pana Boga i w dobrej wierze
Niech wróci wiosnę ciepło i słońce
A mróz i śniegi niechaj zabierze.

Małpa i koń

Zaszła małpa z koniem w ciążę
A była to wtedy niedziela
Koń wyszedł sobie na spacer
Nie pytając właściciela.

Gdy koń przechodził koło zoo
A po drodze była knajpa
Rozpijał właśnie pół litra
Gdy raptem przysiadła się małpa.

I właśnie w tej oto knajpie
Konisko zakochał się w małpie
Co dalej to już wiadomo
Zaprosił małpeczkę do domu
Cóż małpa na to przystała
I w stajni z koniem została.

Co miał począć koń doprawdy
Kiedy słuchy na wieś poszły
Pan się podrapał za uchem
Małpa z coraz większym brzuchem.

Nie ma wyjścia koń się żeni
Pies aż zrywa się z łańcucha
Pan się bardzo zafrasował
Urodziła małpa zucha.

A kto zgadnie co?
Barana skrzyżowanie jegomości
Dużo wełny mało kości
I podsumowanie krótkie
To stało się właśnie przez wódkę.

Ostatni Walc Mendelejewa

Wynalazczość owszem dobrze
Ale ma podwójne strony
Pierwsza to postęp do przodu
Samochody i balony.

Roboty pracują za nas
Nie trzeba im płacić
Odpoczywamy sobie beztrosko
Po cóż darmo siły tracić.

Wszystko ładnie tak na pozór
Nagrody i wielkie premie
Ale należy pamiętać że zło
W wynalazkach często drzemie.

W czarną glebę wpada chemia
Plony mamy dużo lepsze
Owoc jednak już skażony
Przez to psuje się powietrze.

Po trochu wszystkiego

I choroba żniwo zbiera
Raki wysypki zatory
Dzieciak jeszcze w łonie matki
A już jest obłożnie chory.

Chemia zmoże lwa i smoka
I rekina gdzieś w zatoce
Chemia wszystkim da się we znaki
Nie przepuści nawet foce.

To złe a jego namiastki
Ale co czynią pierwiastki
I uran w ówczesnych rakietach
W to nie można powątpiewać.

Świat posiada ten arsenał
Rakiet w głowie bliży dali
Tyle wyprodukowali
Że już nawet z opowieści
Na planecie się nie mieści.

Tu sprzedają tam kupują
Nowocześniej kombinują
Pierwiastki idą do pieca
Przy tym straszą się wzajemnie
Oj wyniknąć może heca.

Kiedy komuś z myślicieli
Coś do pustej głowy strzeli
Niekoniecznie różnej wiary
Przetrze stare okulary.

Chociaż widzi już niewiele
Zobaczy cele

Na ekranie i błyski na monitorze
I każe nacisnąć przyciski
Co się stanie Święty Boże?

Z drugiej strony zauważą
I wypuszczą swoją chemię
Wtedy klapa dym i ogień
Wnet ogarnie całą ziemię.

Martwa cisza nikt nie śpiewa
Rozrzucone ciała dropsy i cycki
Czupryny i ser tylżycki
Nad światem się pył unosi
Ktoś się dźwiga błaga prosi.

W górze tylko wiatr powiewa
Chór anielski cicho nuci
Ostatnią strofę Mendelejewa Walca
I nikt się nie garnie do tańca.

Wąsy

Historia to dawna już znana
Z przekazów zapisów na skałach wynika
Że sprawa dotyczy pewnego podróżnika
Ów statek zatonął rozbitek ocalał
I trafił na wyspę nazwaną Opalał.

To działo się w kraju gdzieś w dali
Nie było zarostów i wąsów nie znali
Nie mieli włosków na głowie pod pachą
Osobno i w grupie na dole przy d..

I tu się rozgrywa moc zdarzeń i wstrząsów

Po trochu wszystkiego

Z powodu zarostu i ogromnych wąsów
Przywlekli rozbitka do wielkiej chałupy
Ściągnęli koszulę i spodnie mu z pupy.

I nagle zdziwieni uciekli w popłochu
Miał wąsy pod nosem i po środku na klacie
A tyle tego było że wiary nie dacie
Wąsiska to były stojące i twarde
Spojrzenie wesołe i zarazem harde
Że ludzie to dzicy i łysi niestety
Myśleli że stwór ten jest z innej planety.

A wąsy te jego kosmiczne radary
A gościu był silny choć bardzo już stary
I zrobił na wyspie się zamęt niemały
Spalono biedaka
A wąsy się spalić nie dały.

Legenda też mówi że wąsy są święte
W specjalnym szałasie na kłódki zamknięte
I mają moc boską są sztywne i proste
Czarownik się modli zrobili dni postne.

Wyspiarze się licznie przed domem zbierają
I modlą do wąsów żałują i łkają
Generał z wąsami bohater wytrwały
On poległ od ognia lecz wąsy zostały.

Rasowy magister

Magister prawa
Podpadł kolesiom za czyny rozliczne
Spadł ze sceny
Dziesięć lat do odsiadki

Przepiłował kratki chodzi wolny i od tej pory
Odbiera nagrody i honory.

Co dalej
Zmieniła się władza
Magister awansował duma go rozsadza
Znowu kombinuje
Kłamie aż bieleją mu uszy
Śmieje się nie wie z czego i ząbeczki suszy.

Domyśla się że go ktoś śledzi często goni
Do szpitala nie chce od psychiatry stroni
Oj Antonio ta modlitwa o zdrowie
I twój rozum nic nie zapowiada
Bo głupi ma swój rozum a mądremu biada.

Wasi i Nasi

Od iskry ognia las może spłonąć
Kropelka wody go nie zagasi
A jeśli chodzi o dowodzenie
Istnieją teraz Nasi i Wasi.

Nasi i Wasi robili błędy
Często kłamali oszukiwali
Łamali prawo i chciwi byli
Na ludzkiej krzywdzie się dorobili.

Nasi patrzyli kombinowali
I Waszym błędy wciąż wytykali
To niepotrzebne to nie pasuje
To wizerunek państwowy psuje.

Wasi tylko przez osiem lat

Po trochu wszystkiego

Co kilka godzin zmieniali świat
Wasi to krajem się podzielili
I w rezultacie wszystko schrzanili.

Przegrali Wasi wygrali Nasi
Waszym to teraz nic już nie pasi
Dziwne układy i koalicja
Nowe reformy nowa ambicja.

I Nasi Waszym przylali kopa
Aż się wstrząsnęła cała Europa
A i zdziwienie na całym świecie
Z tego co teraz Naszych własnością
Ani kruszyny nie dostaniecie.

Nasi się wzięli za sprawiedliwość
Ale to fikcja widać na co dzień
Jeden jest szeryf a dwóch zastępców
A z góry patrzy na to dobrodziej.

Nasi prowadzą działalność składną
W dzień na modlitwie a w nocy kradną
Wszystko co iskrzy może się przydać
W nocy najlepiej bo nic nie widać.

A na trybunach puszą się bzyczą
I po salonach kapuchę liczą
O piątej rano dekrety spisu
Jakieś absurdy do życiorysu
I po spowiedzi kolega siedzi.

Dla Naszych teraz to dobre czasy
Ktoś robi biznes wycięli lasy
A modne skoki zwinęli franka

Stanisław Pysek Prusiński

A inwestycję przymknęli w bankach.

Koń stracił owsa czterdzieści procent
Bo gdzieś w zarządzie zmienił się docent
Co się kompletnie na rzeczy zna
I się pomylił świnię okiełznał.

Nawet bażanty straciły życie
Co robią Nasi teraz widzicie
Dym jest w Paryżu Berlinie Wiedniu
Ale w międzyczasie też mecz przegrali
Z wynikiem jeden do dwudziestu siedmiu.

Co Nasi rzekną musi być święte
A co za Waszych brzydkie przeklęte
I Wasi Naszym próbują szkodzić
I tu jest problem jak to pogodzić.

Część społeczeństwa popiera Waszych
A druga chwali i kocha Naszych
To w rezultacie podział i ból
A niedaleko czai się król
Wkrótce pogodzi Waszych i Naszych
Co to się dzieje aż przykro patrzeć!

Gdy czas ten przyjdzie Nasi się potną
Wasi się szybko z kraju ulotnią
A pozostałych to nawet szkoda
Może pozostać kamień i woda
Nasi i Wasi dzielą się równo
A społeczeństwu przypada g...

Labirynty

Labirynt myśli i słów
Minionych zdarzeń pojęć i sądów
Wykoślawionych myśli
Wierzeń zamierzeń i samosądów.

Czas obracany na osi gwincie
Wabi i kusi wymierza karę
Dzisiaj się dzieje co będzie jutro
Co przeminęło wczoraj już stare.

Wyjść z labiryntu użyć sposobów
Po drodze zwykle zdarza się próżnia
Coś nas pobudza do działań właśnie
Co nas na krętej drodze wyróżnia.

Istnienia ludzkie w krajobraz wszyte
Rosnąc i mierząc się z niedosytem
W ciągłym pośpiechu niby się zmienia
A w rezultacie jest bez znaczenia.

Jak się odnaleźć w tym labiryncie
Wymyślać zmieniać dodawać mnożyć
Wznosić na wyżyn gwiezdnych przestrzenie
By małą cząstkę własnego siebie
Do ogromnego dzieła dołożyć.

A

Literka A na tablicy
Wyrwana z alfabetu pierwsza
Początek wyrazu wyraźnie
Tak bardzo niezbędna do wiersza.

Dwie kreski i trzecia poprzeczna
Ot tak wymyślone z przypadku
Tak ważne i pożyteczne
W imionach są ojcem i matką.

A z góry ze środka czy z boku
O świcie w południe o zmroku
I w zdaniu ogromne znaczenie
A zabrakło i znika marzenie.

A kiedy nadejdzie ochota
Gdy zechcesz się kiedyś pobawić
Tak spróbuj to A zwyczajnie
Tak w inne miejsce przestawić.

Czy małe czy duże A
Co nie udało się?
Ba.

Tytanowe serce

I co teraz metalowy twardzielu
Hardy uparty rzadki
Czysty wypolerowany śliski
Odporny na zgrzyty upadki.

Zupełnie przypadkowo i naprędce
Stworzono tytanowe serce
Wyjątkowe odporne na troski
Nieugięte jak przekaz boski.

Wydawało się że będzie tak pięknie
Nigdy serce tytanowe nie pęknie

Ani od zewnątrz czy od środka
I nigdy go złego nic nie spotka.

I co nagłe bolesne ukłucie
Przypadkowe miłosne uczucie
I pękło serce tytanowe
Niezwyciężone nieugięte i nowe.

I mogłoby się wydawać
 Przeciętnemu zjadaczowi chleba
Zakochanej pani w panu i odwrotnie
Że używając tytanu
Można stracić serce bezpowrotnie.

Smacznego

Głodnemu życzyć smakować
Dlaczego a niby po co
Sytemu zazdrościć że gruby wypasiony
Że policzki mu się często pocą.

Iść do tyłu zatrzymać się
Cofać się przodem
To jakby słonego śledzia
Posmarować pszczelim miodem.

Niedosyt z wielką trudnością
Pnie się na piedestał
Spotyka wypasionego
Prosi by ten przestał.

Niekiedy to i opłaci się
Rady posłuchać i przestać
By czasem z przejedzenia

Tycia nie zaprzestać.

Wiosenny krach

I zapachniało przyszła wiosenka
Trawka wyjrzała zielona chuda
Ptaszki świergocą a zza konara
Wygląda zwinna wiewiórka ruda.

Miś z głębi jamy lasu się wytoczył
Prostuje kości przeciera oczy
Koniec lenistwa i dość ma spania
Teraz ma z głodem do pogadania.

I coś takiego problem wyniknął
Pan misio zdrętwiał cały czas zniknął
To niemożliwe pewnie zasadzka
Może przenieśli las omyłkowo
Więc miś pomyślałmoże zwariował
Może coś stało się z jego głową.

Wtem martwą ciszę sroka przerwała
Ona jest świadkiem wszystko widziała
Do mózgu misia wieść ta przecieka
Człowiek wyrąbał las zniszczył wszystko
Na miejscu lasu będzie lotnisko.

Cóż jest reforma i tak to bywa
Samolot owszem coś całkiem nowe
Nasz misio stracił miejsce kryjówki
A całe pole jest betonowe
Ten kto podpisał się pod projektem
Musi być bardzo chory na głowę.

Mózg

Co my tu mamy różne programy
Nitki pełzające lustrzane strony
Ścieżki i górki pokryte śluzem
Chmary komórek na różne strony
Niespotykane potworki luzem.

Wszystko to mieści się w naszej głowie
Mózgiem człowieka w jednej osobie
Zawarte myśli dążenia troski
Sprawa zawiła to sekret boski.

Mózg jest ostoją szefem zarazem
Dwoi się troi przewodzi z gestem
Ku chwale życia dla dobra sprawy
I dzięki Bogu że teraz jestem.

Powrót do życia

Nagłe wzdrygnięcie i wielka słabość
Płuca wyplute brakuje oddechu
Dziwna rozterka losy się ważą
Serce kołacze głośnym jazgotem.

Krew w żyłach stygnie a w brzuchu burczy
Myśli się piętrzą ciałem chyboce
Gdzieś w dal wpatrzone oczne źrenice
Potnieje czoło ducha coś wlecze
Czy to już koniec przyszedł człowiecze.

Szepty z oddali witaj kochanie
Świetlisty strumień toczy się kołem
Oczy wpatrzone w krzyżyk na ścianie

Ciche westchnienia i zapytanie.

Co ma nastąpić i co się stanie
Czy muszę odejść czy to coś zmienia?
Proszę ja błagam chciałbym pozostać
Tyle jest jeszcze do naprawienia.

Duch wyszedł cicho i się oddalił
Jednak zawrócił spojrzał na body
A może jednak dać jeszcze szanse
Wrócić do ciała z pełnym balansem.

I został dziadzio na tym padole
W takim układzie to różnie bywa
Trzeba to oblać pomyślał chory
Poszedł do baru napić się piwa.

Matyjaśno

Matyjaśno jest żargonem
I słówkiem od pieca wziętym
To jest zwyczajnie gwarowo
Jak w jedną stronę zakręty.

Matyjaśno puścił bąka
I do tej pory się jąka
W domu bieda w barku pusto
Ostał jeno groch z kapustą.

Wasza miłość przestań szlochać
Zawsze zdążysz się zakochać
Rankiem o rosie w południe
Odkochać się będzie trudniej.

Pokochała darmozjada
Leniwy nic tylko gada
Głodny zeżarł wszystkie bułki
I popił lekarstwem z półki
Przypłacił to śmiercią własną
Matyjaśnie o tak zasnął.

Laboratorium prawdy

Doszukiwać się w świecie prawdy
Wtłaczać myśli w stronice księgi
Odejmować dodawać mnożyć
Podnosić do n-tej potęgi.

Opisywać z życia sceny radości
Komplikacji i bezsilności
O różnej tematyce i zagadnieniach
Skomplikowanych i prostych wartości.

Rozwijał się tworzył niczym geniusz
Mimo wielu potknięć i wzruszeń
I ta myśl ciągle żywa i potrzeba
Ja muszę.

Dnia pewnego wstał lewą nogą
I poczuł się dziwnie zmęczony
I myśl zaświtała mu w głowie
Zrozumiał że jest po…

I od tej chwili zakończył swoje dzieła
Położył się na wznak tak dla hecy
I odpoczywał tak długo że nie pamięta
Aż odparzyło mu plecy.

Pomimo że

Deszcz pada jak z cebra na dworze
Od poduszki ciężko oderwać głowę
Mleko wykipiało w garnuszku
Powietrze jest płatne a było darmowe.

Może nie jesteś tak jak dawniej układny
Zmarszczki na buzi
 A kiedyś byłeś taki ładny
I do papierosa kusi
I sucho nastaje w buzi.

Drzewa wszystkie wycięli w parku
Z braku kasy pusto przy barku
Powietrze zadymione i parne
I płucka się buntują ofiarne.

Na głowie pobielały włosy opadły wąsy
Już nie stać ciebie jak kiedyś na pląsy
Milczenie i smutne spojrzenia brak werwy
Niekiedy już puszczają nerwy.

To nic jest nadzieja wiosna nadchodzi
Trawa zielona i świergocą ptaszyny
Staniemy się zdrowsi i weselsi
Wspanialsi bogatsi inni.

Kwiatowa prawda

Kwiat pojedynczy w złotym wazonie
Czerwona róża bratek tulipan
Bazie przy ścieżce czy świeży bez
Wytwarza radość bo coś w tym jest.

Kwiatowa prawda kolorem kusi
Niespotykanym wdziękiem jaśnieje
Radość miłości i ukojenie
Od kwiatowej woni zapachem sieje.

Różne kolory kwiatom nadała
Natura matka morze łez wylała
Wysiłkiem boskim stwórcy samego
Dobrym dla świata pożytecznego.

Sytuacja

Pan dosiadł konia pognał na pole
Sprawdzić czy siewcy obsiali rolę
Wieczór był blisko koń ledwo człapał
Zawadził nogą i gumę złapał.

Biedny szlachetka zjechał po grzywie
Zsunął w głąb rowu błotem ochlapał
Tak przemoczony puka do chaty
Panna otwiera mu urodziwa
Zarumieniona pulchna buziunia
Przez cały dzionek była u żniwa.

Na widok dziewki hrabię zatkało
I jakieś dziwne odczucie wzięło
Od stóp do głowy wyprostowało
Chciał coś wykrztusić mowę mu odjęło.

Cóż miała począć panna wioskowa
Hrabiemu pomóc trzeba do diaska
Z koszuli jakoś pana obdarła
Spodni nie może zawadza laska.

Koń był uczony zarżał w potrzebie
Pana hrabiego wrzucił na siebie
I do pałacu pogalopował
Przez dwa tygodnie pan się kurował.

Ale się wszystko dobrze skończyło
Pastor panu ciężką pokutę zadał
Dwa dni ten klęczał przy konfesjonale
I osiem godzin z tego spowiadał.

Mowę odzyskał trochę się jąka
Lecz nie wyjeżdża już na rozstaje
Ale uszczerbek poniósł na zdrowiu
Z przodu mu laska ciągle wystaje.

I laskę hrabia do nogi wiąże
W tej sytuacji nie robi łaski
A i pokuty musi przestrzegać
Zakaz patrzenia na lewe laski.

Fale nienawiści

Świat się zachłysnął pychą cynizmem
Różne poglądy dziwne narracje
Teoretycznie głoszone prawdy
Równości prawości i zgody
Praktycznie raczej są odwrotnością
Panuje reżim i nędza niezgody.

Obłęd rządzących krwiopijnych władców
Pychę bogatych na szalę ciska
Zanika prawość i sprawiedliwość
Ogromną nędzę na biednych rzuca.

Po trochu wszystkiego

Ludzkość pogrąża się w nienawiści
Bliźni bliźniemu do gardła skacze
Zanika prawda miłość szacunek
Ogromnym krzykiem gestem rozpaczy.

Skąd tyle płaczu i nienawiści
Groźba zagłady wisi nad światem
Szatan raduje się sytuacją
Okrutnych mordów piekielną racją.

Gdzie się pokora ludzka podziała
W wojennym szale gnijące ciała
Co w ludzkich sercach pycha zasiała
Dlaczego człowiek dziś złemu służy
Własnego gniazda staje się katem
Okrutnym sępem własnym dramatem.

Sukces

Osiągnąć sukces ominąć nędzę
Być odważnym i kimś ważnym
Prezydentem premierem merem
Szejkiem bankowcem czy reżyserem.

Przemierzać kraje czy zmieniać żony
Walczyć na froncie być odznaczony
Biegle różnymi języki władać
Nie czynić grzechów a się spowiadać.

A na poziomie być najważniejszym
I trwać przy swoim nigdy nie spadać
Być może dobre trafia się rzadko
Sukces największy tak to być matką.

Dzieci urodzić przedłużać życie
Dobrze się wyspać i być normalną
Rozumieć siebie z natchnieniem dzionka
Cenić teściową również małżonka
Być sukces matką sami widzicie
Życie jest nagrodą o wstającym świcie.

Pewnego razu

Razu pewnego z wieczorną rosą
Przypadkiem spotkał panienkę z kosą
Która przybyła na pole kapusty
Cała na biało ubrana w chusty
Antoś pomyślał latem zapusty.

Antoś się cofa do tyłu w proso
Piękna kobieta do pracy z kosą
Czy to nie o dziwne z samego rana
O co poprosi to dziewczę pana.

 Nie poprosiła zwinęła Antka
 Gdzieś tam na górze na zamówienie
 Odpłynął koleś zapadła klamka
 Nie zdążył klucza włożyć do zamka

Prośba do dnia

Nie odchodź dobry dniu
Nie przychodź ciemna i zła nocy
Bardzo się boję gdy ta ciemność
Na zewnątrz się roztoczy.

Po trochu wszystkiego

Ciemno to smutno
I spaniem się utrudzę
A co się stanie ze mną
Gdy rano się obudzę.

To nie mój biznes
Odezwał się kończący cień
   A po co w nocy spać
   Po prostu prześpij cały dzień.

   A w nocy to nie muszę ci zachwalać
   Po prostu udaj na plażę się opalać
Wskazane przedtem zrobić jest zakupy
   I nie becz i nie stękaj a pozbieraj się do kupy.

Peru

Porywiste wiatry ulewne deszcze
Liczne tąpnięcia ziemskiego globu
Których nie można nigdy przewidzieć
Choćby używać różnych sposobów.

Wysokie mury patrzące z góry
Wielkie wieżowce dumne rotundy
Smagane wichrem i wielką falą
Zniknęły dosłownie w parę sekundy.

Z nastaniem ciszy fale goryczy
W umysłach ludzkich smutno przelewa
Oczy otwartych w przestrzeń wpatrzonych
W mydlaną otchłań modlitwą zwiewa.

Ziemia za którą brat przelał życie
Która dzielona i sprzedawana

Ogołocona smutna żałosna
Teraz niczyja i poszarpana.

Smukła i Golas

Smukła i Golas są w narzeczeństwie
To już dorośli i prawie duzi
I bardzo często się spotykają
A delikatnie kosztują buzi.

Golas się stęsknił bo z kasą cienko
Wdrapał się po rynnie smukłej na okienko
Bo dobranocka za chwilę się zacznie
Zrobimy cmoka będzie spała smacznie.

Golas zapukał w okno trzy razy
A panna Smukła i się nie odzywa
Wtedy pomyślał że przyjdzie później
Pobiegł do baru napić się piwa.

Tuż po północy po jednym piwie
Pomylił adres o dwie przecznice
Zastukał w okno lecz do pokoju
W którym mieszkały dwie zakonnice.

Teraz w szpitalu razy swoje liże
Ostro zarobił po głowie krzyżem
I wiadro wody na ciało złapał
Spadając z dachu majteczki schlapał.

Wstrząśnienie mózgu i złamana ręka
Jest pod kroplówką narzeka i stęka
Pastor w szpitalu wczoraj go odwiedził
Wypili zdrówko zagryźli śledziem.

A Smukła głupio czuje się teraz
I jest decyzja chociaż nie pora
Zanim jej Golas odzyska siły
Od dziś zamieszkać ma u pastora.

Data

Żyć by się chciało o tak bez końca
W pięknej krainie i pełnej słońca
Na dzikiej plaży wokół dziewczyny
Piękne jak nimfy niczym maliny.

Tata w koronie mama w koronie
Cała kraina usłana złotem
Wszystko dokładnie zaplanowane
Słudzy biegają tam i z powrotem.

Nieważne daty zawsze niedziela
Leje się wino z beczki w kielichy
Tańce hulanki i wygibusy
Nieznane klęski czy też wirusy.

Świat był początkiem i nigdy końcem
Nagle przestało tam świecić słońce
I to najgorsze że w środku lata
Czar dobrobytu w górę ulata
Nawet i daty teraz nie widać
Kasy nie dojrzysz to jak ją wydać.

Wymiana na lepsze czasy

Czasy wymienić na nowe lepsze
Wyrzucić burdy wzmocnić przyjaźnie

Stanisław Pysek Prusiński

Wdychać swobodnie czyste powietrze
Będzie weselej łatwiej i raźniej.

Od czego zacząć tworzyć to lepsze
Może od siebie z samego rana
Uczynić ukłon swojej sąsiadce
Pomóc ulepić dzieciom bałwana.

Nie brać rozwodów tylko się żenić
I stwarzać nowe chmary dzieciaków
Drobne na grube pieniądze zmienić
Nie szukać swary dążyć do wiary.

Wymieniliśmy tak to i owo
Ale nie wszystkim to się udało
I wymienione poszło w złą stronę
Straty ogromne a zysków mało.

Bo nie jest łatwo los sam wybiera
Cóż z poczciwego zrobił się sknera
Rabinem został zwykły miernota
A politykiem zwyczajna ciota.

W rządzie w kościele w sądzie czy chlewie
Co jak zamieniać to nikt tam nie wie
Gdzie jest fortuna to stan jest taki
Każdy udaje że coś tam zmienia
Aż w głowie huczy od p...

Przez to

I nie odpuszczam twierdzę uparcie
Jak wielkie szkody wyrządza żarcie
To jest przestępstwo że się wyrażę

Po trochu wszystkiego

I do oporu znaczy w nadmiarze.

Zwykły śmiertelnik typowa świnia
Połacie mięsa od rana wcina
Małymi oczami wokoło krąży
Czas go przynagla może nie zdążyć.

Tłuste schabowe golonki leszcze
Grubas połyka i mało jeszcze
Popija piwem i coca- colą
Aż w buzi trzeszczy i włosy bolą.

To że leniwy i mało ruchu
Taki osobnik z pulchnym buziakiem
I w górę z wypiętym brzuchem
Nie jest już w stanie bawić się ptakiem.

Mili panowie i piękne panie
Żeby się chwalić męskością czarem
Proszę uważać i jeść z umiarem
Aby przypadkiem w króciutkim czasie
Nie zmienić się w brzydką tłustą poczwarę.

I po co to

Przeciwdziałać i polepszyć
Żeby czegoś nie popieprzyć
Kupić kompas czy busolę
Zdobyć władzę nabyć rolę.

Żeby było łatwiej żyć
Osiągnąć czas i kimś być
Cóż zaczął udawać biedaka
To dziwna robota taka.

Stanisław Pysek Prusiński

Ale parę groszy wpadnie
Chociaż żebrać to nieładnie
A ciężko jest i nie ma widoków
Zasłonił więc lewe oko.

Bluzę nabył ze śmietnika
I podziurawione spodnie
Udaje że jest bezdomny
Chory biedny i ułomny.

Na piersi wisi mu kartka
Ratujcie biednego Bartka
Nie stać go nawet na brzytwę
Dasz zmówi za ciebie modlitwę.

Wrzuć panie grosika do miarki
Mogą być euro ruble czy marki
Mile widziane dolary
Dziękuję za wszystkie dary.

Tak pracował nadgodziny
Z dala od domu rodziny
Biznes się toczył jak z płatka
A wszystko schrzaniła babka.

Jak co dzień udając sknerę
Ktoś zatrzymał się obok rowerem
Pochylona garbata kobieta
Półszeptem o drogę pyta.

Zerknął aż spadła mu czapka
Rozpoznał rodzoną babcię
Której był taki bliski

Po trochu wszystkiego

Prawie od samej kołyski
Z ręki wypadła mu miarka
Przez plecy przebiegła ciarka.

A babka poznaje kowboja
Twarz jej się zielona zrobiła
Sięgnęła z koszyczka kija
I szczękę wnuczkowi wybiła.

Co dalej to on nic nie pamięta
Myśli zaginęły w odmętach
W szpitalu spędził trzy święta
A z pracy ma wymówienie
I drogie szpitalne leczenie.

Z pewnością otrzyma rentę
Darmowy wózek inwalidzki
Przestrzega też wszystkich przyjaciół
Że żebranie to jest zarobek śliski.

Kredyty

Tak może się tylko wydawać
Łatwiej jest pożyczać a trudniej oddawać
I z reguły na procenty
Gdzie termin bywa napięty.

W naszych czasach taki zwyczaj
Raz oddawaj dwa pożyczaj
Czasem bank ci numer wytnie
Ogoli konto na brzytwę.

Czy oszczędzać się opłaci
Najlepiej wiedzą bogaci

Pomijając klasę średnią
Procenty do banków biegną.

Biorąc kredyt dobrze czytaj
W wielkim trudzie i mozole
Co u góry co na środku
I małe literki na dole.

Wszystko może się opłacać
Dług w terminie trzeba spłacać
Chociażbyś jadł i postną zupę
Zakrywając łachem d...

Z bankiem wojna nie zabawka
Procent urósł duża czkawka
Komornik zajął chałupę
Nie stać na chlebek i zupę.

Jak się przytulić do żony
I pokój nieopalony
I dzieci poszły w adopcję
Jak znaleźć kolejną opcję.

Jak żyć i kasą nie szastać
Najlepiej się mydłem pochlastać
Do głowy przyłożyć kompresa
Uniknąć zbytniego stresu.

Teatr w domu w pracy w szkole
Zostałeś z niczym matole
Cmoknij się w tylną część ciała
Cóż taka rada została.

1 - Maja

W dawnych czasach 1 - Maja
Wielkie święto narodowe
Było gwarno i wesoło
I po literku na głowę.

Wspomnieć należy pokrótce
Mile witani
Wszyscy w czerwieni ubrani
Marsze wiece i pochody
Weseliły się narody.

Śmiech unosił się nad światem
Grzmiały bębny i armaty
Wszystko wspólne znaczy nasze
Cicho siedzieli judasze
Zdrowie wasze w gardła nasze.

Proszę a to są proletariuszki
Jędrne cycki smukłe nóżki
Patriotyczna pieśń się niesie
Słychać w mieście na wsi w lesie.

Był porządek bo bat wisiał
O zadymie nikt nie słyszał
Nagrody i odznaczenia
Świat dla wszystkich był otwarty
Tyle było do zrobienia.

Równe szanse wszystkim praca
Mocno popił nie miał kaca
Ktoś kto nie był cacy cacy
Dostał od władzy po glacy.

A obecnie 1 - Maja
To święto ale niczyje
Część się ludzi relaksuje
Spora po ulicach bije.

Modny kibol i starucha
Wiatr kasę z kieszeni wydmuchał
Nawet koń stroni od pługa
Ale to historia długa.

Każdy się do czegoś śpieszy
W gałęziach diabeł się cieszy
Przyszłość niejasna czarna
Niejasna nuklearna.

Zapytania grubaska

Zapytam dnia co mi dzisiaj przyniesie
Radość smutek nadzieje korzyści
Czy to o czym marzył wczoraj bobasek
Dzisiaj naprawdę się ziści.

Doprawdy to dzisiaj niczyje
Oddycham i serce me bije
I chyba się za dużo najadłem
Że obok przelewa się sadłem.

Co będzie to zmieści się w czasie
Jest rada już nie jedz grubasie
Ale się zacznij odchudzać
Jak zechcesz to musi się udać.

I proszę coś jeszcze do słuchu

Po trochu wszystkiego

Uprawiaj sport więcej ruchu
To będziesz spał twardo i smacznie
A jutro dzień nowy się zacznie.

Porywisty wiatr

Znikąd dotarł porywisty wiatr
Szarpie i kąsa drzew gałęzie
Niespodziewany i nielubiany
Jak gdyby urwał się z uwięzi.

Co może przynieść ten szaleniec
Deszcz zawieruchę jakiś koszmar
Nie zaproszony przez nikogo
Cichaczem tutaj właśnie dotarł.

Jak znaleźć sposób by wiatr uciszyć
Uderzyć kamieniem tupnąć nogą
Nic z tego ten się nie ulęknie
Wkurzy się bardziej i nie uklęknie.

A niech tam wieje aż się zmęczy
Lato się zbliża już jest blisko
Być może słońcem się udobrucha
Promiennej tęczy się posłucha.

Barwy

Dzionek się kończy wieczór się zbliża
Słońce niedbale chowa się blaknie
Zmęczone dziennym jasnym świeceniem
Na horyzoncie kładzie się cieniem.

Wieczór nadchodzi subtelny czysty

Powoli milkną głośne hałasy
Ptaszyna znika w leśnej otchłani
Zmęczona śpiewem i wyczynami.

Nocka zabrała gwar wsi i miasta
Dzień jest spełniony w historii tomów
Dzionków minionych ciche wieczory
Noce wyśnione dumne poranki
Tworzą wspaniałe misterne plamki.

Wieczorową porą

Myśli błądzące atrament pióro
Na stole książka kartki rozwiane
Skulony pisarz podparty łokciem
Wpatrzony w sufit gryzie paznokcie.

Wiele tematów talentów mało
Pyskowi w głowie coś zahuczało
Zablokowało temat w zarodku
Łapki do góry poddaj się kotku.

O czym tu pisać o bólu wojnie
Pisarz porusza się niespokojnie
Wspominał czasy dawne wyśnione
Coś się zaczęło coś nieskończone.

Za oknem zmierzchło wieczór w najlepsze
Wiatrzysko ucichło ciepłe powietrze
Słychać skomlenie sąsiadów Burka
Nagle telefon
        Halo tu córka.

Witam kochani co u was słychać

Po trochu wszystkiego

Zdrówko wspaniale to chwała Bogu
Właśnie wróciłam z pracy do domu
   Stoję na progu
      Muszę odpocząć i wypić mleczko.

Główka do góry droga Asieńko
Pozdrów Tomaszka i do widzenia
Do usłyszenia.

Ledwo od ucha zeszła słuchawka
Pyska rzuciło wzięła go czkawka
Bo przypadkowo poruszył brzuszkiem
Wykoleiwszy obie poduszki.

   Ma być porządek w domu na stole
   Będzie bałagan to przyfasolę
Żona spojrzała srogo na Pyska
I nastał spokój rozejm i kryska.

I dzięki Bogu olśnienie przyszło
Nowy poemat w pióro się wcisnął
Temat o wiośnie i nocnej ciszy
Dobrze jest marzyć i się wyciszyć.

Przebaczenie

O przebaczenie prosić jak o pracę czyli dzieło
Pojęcie przebaczenia od Raju się zaczęło
Pan Bóg nie przebaczył zerwania jabłka Adamowi i Ewie
Opuścić musieli Raj zdani tylko na siebie.

Wykraczać poza prawo i oczekiwać przebaczenia
Szukać wymówek a niekiedy korzyści
Nie zapominajmy też wybaczać sami sobie

Choć uważamy zwykle że jesteśmy tacy czyści.

Miliony grzechów głównych ciężkich
Nie sposób ich zapisać i policzyć
Przebacza Bóg na co dzień łaskawie
Nie trzeba się tym martwić już po sprawie.

A w życiu tak jest chociaż mogłoby być inaczej
Tory naszego życia los nam znaczy
Przebaczmy zatem wspólne nasze winy
Z jakiejkolwiek popełnionej przyczyny.

Różnice

Chłop wypadł z okna na koniu na ulicę
Koń skręcił sobie kark chłop złamał lewą dłoń
Kto jest tu winien
 I powinien teraz siedzieć w więzieniu
Czy chłop a może koń.?

Sąd odrzucił skargę konia już w pierwszym czytaniu
Co koń robił u chłopa w jego mieszkaniu
I to w nocnej porze
Zamiast przebywać w swojej oborze.

Dlaczego koń się na to skusił
Czy chłop go do tego zmusił
I dlaczego właśnie razem wypadli
Niechybnie pewnie bank okradli?

Bez windy na czternastym piętrze
Nocną porą i dużym wietrze
A chłop wyleciał z balkonu
Nietrzeźwy na tym właśnie koniu.

Po trochu wszystkiego

Jaki tu wyrok wydać głowi się sędzia
Koń to zwierzę nierozumne a chłop menda
I kto mu w tej sprawie dopomoże
Chłop milczy a koń mówić nie może.

Kiedy sędzia ten wyrok układał
Koń się z chłopem po cichu dogadał
Prokurator się zagapił i zaniechał
Przez pomyłkę koń na chłopie wyjechał.

Nic mi to

Na czole kropelki potu
W oczach jaskrawo i pstro
Kolana się uginają
A płuca ledwiutko tchną
Lecz w głowie nadzieja świta
A co tam
               Nic mi to.

Na dworze słoneczko jaśnieje
Ptaszęta trzebiocą i mkną
Świat wielką dobrocią kraśnieje
Jest pięknie
               To jest to.

A co tam pofrunę w najlepsze
Powzdycham na świeżym powietrzu
To może i miechy mi drgną
Do dzieła
               To jest to.

Jest pięknie a może być piękniej

Z rozkoszy niech serce mi pęknie
Do tańca i nogi się rwą
Wspaniale żyć
                To jest to.

Zaiste i dobroć i troska
Otacza nas łaska boska
Choć stany niegodne ją trą
Gdy wierzysz
                I to jest to.

Od siebie

Są chęci jakoś się kręci
Pomimo zaników pamięci
Do przodu przykładnie za siebie
Przy tobie za ciebie przed siebie.

Fantazja i gorycz się ściera
Co tyle nam czasu zabiera
I pędzi do przodu i zmienia
A tyle jest wciąż do zrobienia.

Żyć modnie swobodnie i z gestem
To nic tam mnie nie ma tu jestem
A ciało i nerwy telepie
I czasem coś skórę przetrzepie.

Nie za nas się wszystko zaczęło
Bo życie jest walką o dzieło
Zmartwienia i troski codzienne
Czasami starania daremne.

Wybrani przez los i w najlepsze

Po trochu wszystkiego

Jak liść porzucony na wietrze
Na ziemi od słońca spękanej
Od życia nam obiecanej.

Całować to

Kto całuję długo żyje
Nic tej prawdy nie ukryje
W długość wszerz na ziemskiej kuli
Zawsze ktoś kogoś przytuli.

Często widać na rysunku
Jak rycerz w pełnym rynsztunku
Kłaniając się dworskiej damie
Wylądował z panią w wannie
Pozbywając się rynsztunku
Zasmakował w pocałunku.

Przez ten pierwszy pocałunek
Król nie miał nad nim litości
Bo pierwszy całuje król
Stąd wynikł ogromny ból.

Panna poszła do klasztoru
Rycerz odjechał na włości
A co może być najgorsze
Stracił prawa do miłości.

Całujmy się gdzie popadnie
Nie nachalnie grzecznie ładnie
W knajpie w szafie czy na drodze
W podskokach na jednej nodze.

Z gestem szarmancko z uciechy

I niewskazane pośpiechy
Pannę młodą i jej gości
Z szacunkiem a nie z litości.

Swoją żonę całuj chętnie
W różne miejsca i namiętnie
Po spowiedzi nie w kościele
Korzystaj bo czasu niewiele.

Nie całuj po rękach pastora
To w zbyteczne stresy wpędza
Za całuski nie płać kasy
Bo nowe nastały czasy.

Nowocześnie

W zarządzie jak kto usiądzie
W dużej knajpie modne porno
W milicji bez prohibicji
A do działań sprawne ormo.

Jak to zwykle w wodzie bywa
Kamień na dnie kaczka pływa
Prezes w fotel puścił bąka
Grzesznik przy spowiedzi się jąka.

W sklepie podrobiona mąka
Teść gdzieś zniknął znów rozłąka
I za robola się wzięto
Brak wypłaty i zajęcia
Co dzień święto.

Czy dalej tak musi być
Jak tu spać o głodzie śnić

Po trochu wszystkiego

A się zakończyło raptem
Protestował dostał batem.

Na rabotu bez zapłaty
Głowa w dole zanik klaty
Z głodu zeżarł całe mydło
Bo tak rozkazało szydło.

A Trębala się wypięła
Zakończyło się na sesji
Drogą wlecze się pastorzyna
Lecz samotnie bez procesji.

I mamrocze coś pod nosem
Wszystko w tyle gdzieś zostało
Nic nie dali sucho w buzi
A dotychczas to starczało.

Jak zapobiec tej tragedii
I ratować ten kraj dziki
Więc na górze ustalili
Będzie most do Ameryki.

Kopka

Kopka to poważny produkt
To mielony rzadka zupa
Choćbyś spożył coś i we śnie
Wszystko to spamięta pupa.

I osobnik choćby nie chciał
Nie zależy to od niego
Ktoś kto temu się sprzeciwi
Chciał czy nie chciał to się ze...

Stanisław Pysek Prusiński

Kopka to wstydliwy temat
Jak podzielić to na równo
Każdy może się domyśleć
Co to może znaczyć g..

A ku temu są powody
Robi to stary i młody
Dziecinka w pieluszkę słaba
I pod siebie stara baba.

A nieważne tego ile
Robią w powietrzu motyle
Stąd depresję i kichania
Wszystko spada nam na głowę
Stąd załamania nerwowe.

Bardzo ważne dobrze pojeść
Chociaż i małe dochody
Ale wiedzieć kiedy przestać
I mamy gotowe dowody
Jak bardzo ważne odchody.

Ginie placek mięso zupa
Wódka się przelewa kwartą
I pomyśleć tak czasami
Warto żyć by nie umierać
Zatem koniec tych rozważań
Po co się o g... spierać.

Może brzydkie słowa padną
Pobrudzić koszulę ładną
Nieważne o której godzinie
Musisz zrobić kupkę w terminie.

Zatem śmiało zróbmy kupkę
Nie zapomnij wytrzeć d...
Bo się można zacząć bać
A i prać trzeba psia go mać.

Sam w cukierni

Zostałeś w cukierni sam
Co zrobisz i tu cię mam
Rozkoszny wzrok nie policzy
Ile jest na półkach słodyczy.

Proste i krzywe rogale
Ptysie i lody w kubku
Do roboty się bierz zlizuj wszystko
Nie stój tak nie gap się głupku.

A może się wstrzymać przelęknąć
Zjeść wszystko i wtedy pęknąć
Aż cukier skoczy na tysiąc
Mam chęć i nie mogę przysiąc.

I wtedy się to zaczęło
Gdy się jama ustna otwarła
A ślipie łypiące spode łba
Ślina okrutna zżarła.

Łakomstwo dopięło swojego
To grzech winien tego luksusu
Dobrowolnie odchodzi w niepamięć
Bez jakiegokolwiek przymusu
Na grobie krzyżyk drewniany
Powiadomienie do ZUS-u.

Ktoś zyskał ktoś musiał stracić
Cukrzycy władcy i wierni
Należy to wziąć do serca
Sam jeden w ogromnej cukierni.

Wszystko można

Zadań mnóstwo i zamierzeń
Tyle epok przeminęło
Ile zapisanych kartek
Urodziłeś się bez majtek.

Wstając lewą nogą z łóżka
Świat otworem się odsłania
Śmiać się czy płakać
Być ostrożnym i cierpliwym
Szybkim srogim często chciwym.

W Ameryce i w Europie
Możesz kopa dostać chłopie
Kelner ścierą w knajpie machnie
Pastor ci rozgrzeszenia nie da
A umarli nic nie czują
Jaka jest w tym życiu bieda
Umarł dobrze się powodzi
Nic go teraz nie obchodzi
Żeby ślady ziemskie zatrzeć
Już nie musi na to patrzeć.

Żaba

Pan uczony złapał żabę
Dziwne bo za domu progiem
Był chemikiem z wykształcenia

Po trochu wszystkiego

I okrzykniętym biologiem.

Przyda się za darmo zdobycz
Doświadczenia na niej zrobi
Sprzeda testy w instytucie
Na pewno na tym zarobi.

Układając instrumenty
Krząta się i kręci głową
Nagle stanął i oniemiał
W żabie rozpoznał teściową.

Więc do dzieła drogi starcze
Biolog włożył hełm i tarczę
Z uciechy zaciera ręce
    No mamusiu mam cię teraz
    Nie zobaczymy się już więcej.

Żaba zbliżywszy się do stołu
Zamieniła się w anioła
Stary zemdlał tak się spocił
Ze strachu skalpelem się pociął.

Koniec kropka krótka mowa
Co może zdziałać teściowa.

Dym

Dym z komina fabrycznego
Podobny do g... w chlewie
A jak pierońsko szkodliwy
Tak naprawdę nikt to nie wie.

Dym uszkadza nam przyrodę

Stanisław Pysek Prusiński

Niszczy drzewa kwiaty wodę
Wdziera się w miejsca intymne
Niszczy serce płuca trzustkę
Czyniąc czarną zimną pustkę.

Dym wytwarza teść po secie
I teściowa dmi na zięcia
Który znów pomylił mapę
Zadymił podłogę i nowiuteńką kanapę.

Dym rodzinny niebezpieczny
Stąd przypadki są rozwodu
Sprawy pozostały w tyle
Z powodu braku dowodów.

Co tu powie prokurator
Co wy na to?
Małe dymy mamy z głowy
Cóż dopiero dym państwowy.

W rządzie dym i zawierucha
Dwustu wrzeszczy jeden słucha
Zginęły stare ustawy
Będą nowe nie ma sprawy.

Krzyk na sali gry intymne
W przód i w tył dymane ciała
Z dwóch rozgłośni telewizyjnych
Polityka wydymała.

Jakaś pani z Dymnej Racji
Była z panem na kolacji
Nie zapłacił dostał trzonkiem
Bo zeżarł całą golonkę.

Po trochu wszystkiego

W międzyczasie jakaś mara
Wrzuciła mu do mleka komara
A polityk nie wytrzymał
I całą zawartość wydymał
Na świeżo umytą podłogę
Cóż wy na to ja nie mogę.

Partia partii dymi w oczy
Zadymują się dążenia
Co się naprawiło wczoraj
Dzisiaj jest do rozpieprzenia.

Umieć dymić to jest sztuka
A szczególnie politycznie
Skończyć szkołę u Henryka
I żyć dymno patriotycznie.

Dym odbiera też rozumy
Zmienia mózg w kawałki gumy
Powoduje czkawki łkania
A niekiedy częste s...

Kraj jest piękny niczym rajski
Cóż ten staje się bezprawiem
A na co dzień to widoczne
Bogaty się władcą czyni
I biednemu w oczy dymi.

Pani i czerwone róże

Wymarzony bukiet róż
Chcę go dostać i to już
Podziwiać kochać całować

Kto ma bukiet podarować?

Pani łka i głośno szlocha
Kupić kwiaty to pokochać
Naokoło sami starcy
Każdy jakoś dziwnie patrzy.

Nagle dostała olśnienia
Dość ma tego biadolenia
Jestem młoda co się bać
Kupię bukiet bo mnie stać.

W wielkim mieście pięknie gwarnie
I pani kupiła kwiaciarnię
Z pomieszczeniem i obsługą
Teraz nie czekała długo.

Wkrótce się pojawił pan
Który również kochał róże
Te malutkie i te duże
Domyśliłem się i wiem
I rozkwitła wielka M.

Krach

Piękny sobotni poranek
Zdarzenie którego być nie powinno
Trudno jest to zrozumieć
Znaleźć przyczynę winną.

Stało się to przypadkowo
Nieznane są tego powody
Na jezdni dość szerokiej
Zderzyły się dwa samochody.

Po trochu wszystkiego

Skręcając w lewo gość
Zachował się nieostrożnie
Za dużo się wysunął
Nadjeżdżający z naprzeciwka pojazd
Jak grom na niego runął.

Huk szelest świst i zgrzyt
Sekundy martwa cisza
Dziwne uczucie strachu
Jeden samochód dymi
Drugi ląduje na dachu.

Ten pierwszy szofer miał szczęście
To sprawa jest oczywista
Bo drugi gość na liczniku
Miał stówkę a może trzysta.
Huknięcie to niemałe
Lecz życia ocalałe
Podali sobie ręce
Tak żyją cóż chcieć więcej.

Przeszło minęło

Dzieciństwo przeszło młodość minęła
Uciekły lata nastała starość
Zgodnie z programem kończy się księga
Ciało zmarszczone kości się kruszą
I w rezultacie jest niedołęga.

Pomylić cukier wsypać soli
Ręce opadły i głowa boli
Nic już nie cieszy i się wydaje
Stary marudzi nic mu nie staje.

Czasem się wymkną i brzydkie słowa
Kończy zaczyna i znów od nowa
Wypadnie szczęka wylana zupa
Kotlet wyślizgnął pogryzły muchy
Bezradne miny z byle przyczyny
Łazi bezmyślnie trenuje ruchy.

Oj ty starości tak niebywała
Brzydka niechciana i taka wściekła.
Policzki pieką urosły rogi
Lepiej już kipnąć na końcu drogi.

Rezygnacja

Nic nie warte depresja i grzechów procesja
W dali słychać dziwne ciche szmery
Co się stało jak się tu znalazłeś
Co ty robisz tu chłopie do cholery?

Proś a może ktoś przyjmie cię do siebie
Poda rękę i przywita dobrym słowem
I pogłaszcze twoje spracowane ręce
Być może pochyli z pokorą głowę.

Racje obłęd i wielkie oczy
Przenikają otchłań i świecą w nocy
A sumienie pokąsane i przeżarte
Tworzą sceny bezmyślne nic nie warte.

Rezygnacja niedosyt trwoga
Pretensję do siebie czy do Boga
A w serce czarna myśl się wkrada
Głowa w górę martwić się nie wypada.

Coś nie tak

Pierwszy krok tysiące i marsze
Poligony parady i boje
Zdziczała hałastra i atasze
Zniszczyliśmy co było dobre
Cóż zostało nie wasze i nie nasze.

Zniszczone połacie żyznej gleby
Krwią zroszone pola uprawne
Nie na chlubę pożytek ludzkości
Nie jest śmieszne mądre i zabawne.

Łzy szaleństwa zmarnowane lata
Szerząca nienawiść i trwoga
Pokazują całą prawdę na co dzień
Jaka myśl jest w człowieku uboga.

Klimat

Bez powodu leją deszcze
Wiatry wywracają drzewka
Słońce prażąc mocno suszy
Zając w lesie kuli uszy.

Zakochana w chłopcu dziewka
Ciągła i ta sama śpiewka
Powinno zależeć nam na tem
I dogadać się z klimatem.

Choćby na nasze wakacje
Prawdę mówię i mam rację
A to i nie trzeba wiele

Brzydko może się ziścić
Piorun może przez przypadek
Trafić w wystawiony zadek.

Woda nam zabiera zbiory
Ogień trawi zabudowy
A to wszystko przez przypadek
I dorobek życia z głowy.

Ale co się wcześnie wściekać
Jak nie gonią nie uciekać
Złościć i palić ze wstydu
Trzeba walczyć z taką bidą.

Świńska sprawa

Nie pójdzie nie podda się i tak padnie trupem
Mimo że zgnoją być może skopią pupę
Zakują w powrozy i kajdany
Czas jej będzie niedługo odebrany.

Sedno sprawy tkwi w tym że jest niewinna
Taka prosta spaśiona chlewna świnia
Normalność jej świeczka zgasła
Nie rozumie dlaczego się tak bardzo spasła.
Na krawędzi wisi jej życie
Tak myślała tłusta świnia przed zabiciem.

Wypas elity

Zebrania narady szczyty
Czym się zajmują elity
Polityką i biznesem
Tym co korzyści przyniesie.

Po trochu wszystkiego

Modne suknie garnitury
Złote zegarki i fury
I hotele luksusowe
Wódki wina wyborowe.

Tak to bawią się bogaci
A biedota płacze płaci
Na wiecach otwiera paszcze
I ochoczo w ręce klaszcze.

Pomyśl zatem żółtodziobie
Elita nie doda tobie
Ta twardo siedząc przy sterze
Ostatni ci kęsek odbierze.

Obawiam się że lepiej nie będzie
A to wynika z morału
Biorą cicho ale dużo
Jak upadną nie oddają pomału.

Perpetum mobile

Dodawał odejmował dzielił
Łakomie przesuwał słupki
I wyszło perpetum mobile
Uczonemu z łysiejącej główki.

Co dalej głowił się łysy
Doskonały pracowity dumny
Pomyślał że nic już nie wymyśli
Zamknął wieko i położył się do trumny.

Lecz nie umarł długo leżał i myślał

Że lepiej być zwyczajnym człowiekiem
A perpetuum mobile to fantazja
A zrozumiał to teraz z wiekiem.

Czarne zęby

Lata przeżyte a zęby nie myte
Uzębienie sczerniało z braku pasty
W dziąsłach zaległy się bakterie
Niczym dorodne chwasty.

Czasu nie było i tak się zdarzyło
Lat dwadzieścia i zęby wypadły
Jak wymówić sylaby i śpiewać piosenki
Patrzeć w lustro i dziwnie się śmiać
Zrobić grymas samego siebie się bać.

A problem jest ogromny rzeczywiście
Przydarzyło to się samemu dentyście
Ludzkie zęby leczył lecz na swoje czasu nie miał
Otworzył buzię spojrzał w lustro i oniemiał
Teraz siedzi w fotelu i beczy
Jest za późno wypadniętych nie wyleczy.

Umartwianie Jana

Kurczę świeżo gotowane
Niekiedy pieczone na rożnie
Kilkakrotnie przekręcane
Z troskliwością i ostrożnie.

Spożyte przez konsumenta
Ten co spożył to pamięta
A więc o co te pretensje

Po trochu wszystkiego

Kupił kurę dziś na targu
Za trzy złote swojej pensji.

Włożył kurę do zagrody
A ta zwiała z wielkim krzykiem
Ten ją zadźgał scyzorykiem
I przekroczył przykazanie
Nie zabijaj zgrzeszyłeś mój Janie.

A odwrócić w drugą stronę
To kurczątko jest kradzione
Czyni to osobę winną
Nie kradnij to już grzech drugi
Bluźnił na tych co ukradli
Brak dowodów bo nie wpadli
To fałszywe jest świadectwo.

I grzech trzeci
Coś tu nie gra z każdej strony
Bywasz zawsze oskarżony
A przeważnie tak się dzieje
Oskarżyli cię złodzieje
Którzy skradli i sprzedali
Kura już skonsumowana
A policzki pieką pana
Nadstawił policzek drugi
Spłacił kurę popadł w długi.

Z czego oddać i skąd brać
Zaklął głośno psia go mać
I znowu zgrzeszył
Pastor wysłuchał i pocieszył
I udzielił rozgrzeszenia
A poprawy obiecane

Więc umartwiał się od piątku
Sucho w gardle ucisk w żołądku.

Dzieci płaczą żona wściekła
Diabeł kusi spróbuj piekła
Nie kłóć się bo znowu zgrzeszysz
Smakiem żony nie pocieszysz.

Wyluzujesz będziesz nowy
Przykazania masz już z głowy
Człowiek ów pomyślał krótko
Wszedł do baru spił się wódką
A co dalej to wiadomo
Nigdy nie dotarł do domu.

Albowiem nie wiem

Mijają lata wieki epoki
Moc kataklizmów pożary deszcze
I nie wiadomo dokąd świat zmierza
Co dalej jeszcze?

Nieczyste siły zaplute karły
Buszują wszędzie skąd wieje dobrem
Snując misterne pojęcie kręci
Może przypadkiem coś z dobra wleci.

Prawa jednostki ogólny przydział
Szatan jest duchem nikt go nie widział
Nie widzieć Boga lecz kochać wierzyć
By godnie życie nam dane przeżyć.

Iskierka nadziei

Z ogromnej nadziei w dalekiej gdzieś kniei
Przypadkiem przywiało iskierkę nadziei
Malutka bezbronna błyszcząca i kraśna
Błądziło maleństwo po wioskach i miastach.

Myślała iskierka   oj dziwna to ziemia
To ranek powstaje to znowu się ściemnia
Nadzieja że jutro słoneczko się zbudzi
Ogrzeje gorącem przyrodę i ludzi.

Na listkach kwiatuszków dziwaków jest tyle
W powietrzu pachnącym fruwają motyle
To pszczoła zabrzęczy coś w trawie zapiska
Z radości i szczęścia wyciska się łezka
Na tle ubarwionym przestrzeni niebieska.

Iskierka nadziei na oczy przejrzała
I wnet się do matki iskierki udała
Iskierka nadziei na jutro na lepsze
Na wiatr malejący na czystsze powietrze.
I pokój na świecie i rozkwit przyjaźni
By było weselej i zdrowiej i raźniej.

Myślowy topór

Stłoczone myśli drążą tunele
Wolności słowa dziwaczne gesty
Wszystko złożone na jedną całość
Jacy jesteśmy.

Mądrzy uparci czasem nieznośni
Uczciwi dobrzy czy zasadniczy

Stanisław Pysek Prusiński

Co się naprawdę tak nami opłaci
I co najbardziej w życiu się liczy.

Władza pieniądze uroda sława
Prawdopodobnie w naszym zasięgu
Lepiej być może głupszym ubogim
Niźli myślowym być niedołęgą.

Topór wytworne myśli przecina
Czasem na jawie być może we śnie
Z dziwnych pobudek niczym zakazów
Zawsze za wcześnie.

Myślenie w przyszłość i myśli wsteczne
Bywają zbędne często zbyteczne
Różnych rodzajów pełny ogródek
Z przyczyn nieznanych różnych pobudek.

I nagłe zmiany jak błyskawice
Człowiek wymyślił ostre nożyce
Piękno ogrodu w pustynię zmienia
Co stwarza powód do przemyślenia.

Jak mierzyć czas w nas

To bardzo ważne twierdzę zawczasu
Bo tak naprawdę to nie ma czasu
On jest pozorny bo wymyślony
A tak naprawdę nieokreślony.

Zegar umowne liczy godziny
Wskazówki kręcą się w prawą stronę
A więc przeciętny rozumny frajer
Powie wyraźnie czas to bajer.

Czas jest dziwakiem to zwykła frajda
Urzędniczyna zwykła ciamajda
Rusza do pracy przed ósmą rano
I osiem godzin pracując głową
Zgodnie z zegarkiem czyli umową.

Jak udowodnić że czas istnieje
To niemożliwe bo w każdym razie
Uwiecznić można pomocą pędzla
Na wielkim może ściennym obrazie.

To że jesteśmy dorośli duzi
Czas nam wyciska rysy na buzi
I jak powiada przysłowie stare
Po zmarszczkach poznasz taką fujarę.

W potrzasku

Emigracyjne losy i znoje
Moc różnych wspomnień wydarzeń
Spojrzenia w niebo w porannym blasku
Widok człowieka w dziwnym potrzasku.

Ojczyzna wspomnień za horyzontem
Mieszkać u obcych czasami kątem
Ciężko pracować tak żeby przeżyć
Ciągle się z nowym wyzwaniem mierzyć.

I przyszła bieda nagły wypadek
Robotniczyna zjechał na zadek
I z wysokości w porannym brzasku
Znalazł się nagle w strasznym potrzasku.

Szanse niewielkie kule i wózek
Cóż teraz pocznie przeciętny Józek
Umrzeć za wcześnie czy iść na łaskę
Emigracyjne prawa ustroje
Gdy pracowałeś to znaczy byłeś
Nagle ten potrzask jutro nie twoje.

Burzowy deszcz

Grzmot ciszę powietrzną przerwał
I zaszumiało to wiatr się zerwał
I pierwsze krople prysły na ziemię
Zaczęło robić się coraz ciemniej.

Dziwnie szaro deszcz chlusnął z góry
Z szarej ogromnej kłębiastej chmury
Chwilową ciszę grzmot znów rozdzielił
To nieopodal piorun wystrzelił.

Trafiając w konar potężnej sosny
Na wpół rozerwał widok żałosny
I rozwścieczyło burzę na dobre
Potężnej wodnej koślawej strugi
Uderzające w spękaną glebę
Niczym dziobate ostrza maczugi.

I znowu trzasło aż ziemia jękła
Ogromny zygzak rozdarł niebiosa
Aż rozświetliło szarość przestrzenną
Nastało szaro nad całą ziemią.

Można narzekać że coś się stało
Bo przypadkowo basement zalało
I trzasło w komin wylało zupę

Po trochu wszystkiego

To nie jest problem gdyby tak w d...

Szambo

Szambo to ścieki i wielki brud
Myśląc o szambie kojarzysz smród
Temat zawiera to co się psuje
Jest obrzydliwe brzydkie niczyje.

Ale posiada także zalety
A nie mieć szamba spróbuj niestety
Przy własnym domu nawet pałacu
Za szambo duże pieniądze płacą.

I to przeważnie mniej więcej równo
A to jest dziwne płacą za g...
Ani się dotknąć ani skosztować
Że coś takiego musi kosztować.

Emigracyjne wiersze

Po pierwsze o złocie w Kalifornii
O rezerwatach Indianach w Teksasie
Dużo by o tym opowiadać
Czy tak słuchając tego wierzyć da się?

Wiersze o odkryciu Magellana
Pisane w południe wieczorem nocą z rana
O kapitalizmie sprawiedliwości miłości
Że tak rzeknę z wdziękiem
Z nieustannym typowym lękiem.

Czy to dziwne że wiersz ujmuje zagadnienia
Jak emigrant pod ciężarem plecy zgina

W jakich warunkach wegetuje rodzina
Jak ukradkiem łzy wyciera po kryjomu
Wracając po północy do szałasu
Na nic nie ma czasu.

A w tygodniu nie zdąży złapać kaca
Tylko zdrzemnąć się i do wieczora praca
Skazany na w szapie gęsty dym
Nie stać go na tanie wakacje
Między wierszami pustka o tym nic
     Żadne sensacje.

Przyszłość prośba

Nie przybywaj nieznana przyszłości
Idź gdzieś sobie mnie teraźniejszość pasuje
Dobrze jest marzę skrycie
Moje dzisiaj jest najważniejsze
Bo jest moim prawdziwym życiem.

Nie wiadomo jaki los jutro zgotujesz
Przyjdziesz rankiem i wszystko popsujesz
Mogę spłonąć przykryty pod kołdrą
Będziesz dla mnie przyszłością niedobrą.

Ba! zmaleje na przykład mój dochód
Ukradli złodzieje samochód
Zupełnie niechcąco przez przypadek
Przewrócę się na plecy czy zadek.

Chcę być zawsze szczęśliwy i młody
Niech trzymają się mnie euro i dolary
Podaruj mi losie bogatą teściową i teścia
Chcę mieszkać w pałacu

A nie w slumsach na przedmieściach
Więc proszę o to wszystko dziś zawczasu
Bo jutro wyjeżdżam i nie mam czasu.

Grosiki

Nie podnoś z ziemi grosika
Gub go codziennie i częściej
Ktoś go po prostu podniesie
Chuchnie i schowa na szczęście.

Znalezione to szczęście przynosi
A kiedy z kieszeni wypada
A co tam ty nie zbiedniejesz
A uszczęśliwisz tym dziada.

I proszę taki porządny
W rzeczywistości szalony
Wyrzuca tak niepotrzebne
Na uzbrojenie miliony.

On traci niestety nie swoje
Lecz właśnie i twoje i moje
Na ziemię wyrzuca i do wody
Czyniąc przy tym ogromne szkody.

I myli się kto tak sądzi
Że pieniądz światem nie rządzi
Mamona zielone i talary
Te powodują ofiary.

Agata i Antek

Wypsnęło się wczoraj Agacie

Więc poskarżyła się tacie
Że Antek podglądał jej cycki
Spode łba skórzanej mycki.

Agata nie była bogata
Lecz nie chodziła na stronę
Miała blond włosy długie
I oczy czarno zielone.

Upiekła Agata placki
Kupiła winko w sklepie
Z nadzieją że Antoś się jej oświadczy
A później ją przytelepie.

A Antek przyszedł na bani
I takie pierdoły chrzanił
I miał poplamione gacie
Jak zwykle po wypłacie.

Kulturę Agacie wywiało
Sama placuszek zjadła
Rąbnęła miłego w szyję
Tak mocno że Antoni nie żyje.

I pogrzeb mamy niestety
A miało być weselisko
Zapomniał się kawaler oświadczyć
I przez to spieprzył wszystko.

Partnerzy

Partnerzy z góry i z dołu
A w środku różne narządy
Wijące i powiązane

Po trochu wszystkiego

W istnienie nasze wpisane.

Zagadka niezbyt trudna
Bo chodzi o głowę i tyłek
Choć trochę skomplikowane
Miejscami bardzo zawiłe.

Głowa na górze jest bossem
A menedżerem tyłek
I choćbyś się dwoił i troił
Używał peryskop czy lupę
To głowę można stracić
A kopa dostać w d...

Uciec ale gdzie

Uciekło by się gdzieś tam
Cóż próżne to gadanie
Przeszkodą jest jedna sprawa
To ziemskie przyciąganie.

Dlaczego ziemia przyciąga
A nie odpycha pytania?
I co w tej sprawie się zmienia
Nic nie masz do gadania.

Nikt krzywdy nikomu nie robi
Ani też żadnej łaski
Przestroga gdy jesteś żonaty
To nie spoglądaj na laski.

Respektuj to ostrzeżenie
Przekonaj się mój panie
Bo może się skończyć rozwodem

To dziwne przyciąganie.

Zagłada ziemi

Jak by wyglądała ziemia stworzona
Przez człowieka to coś odgrodzonego
Od kosmosu wielkim betonowym murem
Drutem kolczastym pod napięciem i drzwiami
Zamkniętymi na potężne sztaby.

Skąd taka potrzeba?
To przed intruzami z kosmosu
To nie zmienia faktu że człowiek wierzy w siebie
A gdy się starzeje i się nie szczęści
Wypowiada sam sobie wojnę
I rozbija schedę na części.

Zejścia

Nigdy człeku nie odgadniesz i nie zrozumiesz
Lewą ręką przeżegnać się nie umiesz
Grzechy płodzisz a do świątyni chodzisz
Liczysz na to że powtórnie się urodzisz.

Jeśli zgrzeszyłeś to nie czujesz skruchy
Na prośby wołania o pomoc jesteś głuchy
Zapomniałeś skąd przybyłeś i po co
Szwendasz się po barach późną nocą.

Zdobyłeś tak wiele i zarazem mało
Emigracji ci się osobniku zachciało
Spożywasz chleb suchy chlipiesz zupę
Wszedłeś w drogę komuś otrzymałeś kopa w d...

Polityka

Polityka jest zwyczajną płochą lipą
Głośne kłamstwa i skryte bajery
Bełkotanie zdania i wyrazy
Bez sensu powtarzane wiele razy.

Polityka kojarzy się z oszustwem
Obietnice bez pokrycia słowa obelżywe i puste
Zakłamanej rzeczywistości prysznice
Powodujące wyjścia ludu na ulicę.

A co dziwne osobnik kłapie paszczą
Słuchający wiwatują i klaszczą
Tym bardziej podniecony frajer
Wciska nową ciemnotę i bajer.

Zerwać z czasem

Czas zatrzymać pofrunąć w nieba kręgi
Odejść od zwykłości codziennego szumu
Uznać wyższość czego nie znamy
Według własnego rozsądnego rozumu.

Umową o dzieło jest życie
Nie zawsze się spełni to o czym można marzyć
I wydaje się że nic nas nie zaskoczy
A mimo to wszystko może się przydarzyć.

Czasowej kopuły kapela
Na widok ku przyszłości strzela
Unosząc boskie drganie w przestrzeni jasną
Niezbadaną niczyją i własną.

Ucieczka w nieznane

Uciec ale gdzie? Jak najdalej w przestworza
Tam nic nie ma ani pustyni lasu i morza
Ku słońcu świetlanej tarczy
Uciec ale czy sił wystarczy.

Zameldować się na księżycu o świcie
Wspaniałą rakietową podwodą
Powitać nową rzeczywistość
I ochłodzić księżycową wodą.

I znów głos wewnętrzny grzmi powtórnie
Zostaw księżyc i pomyśl o Saturnie
Czy Jowiszu lub innej planecie
Takie duże możliwości masz przecież.

Tak ważne są nauka i odkrycia
Ale czy nie zabraknie czasu do życia
Więc najlepiej podróże przerwać
I spokojnie na ziemi przetrwać.

A co dalej

Zmieniające się charaktery na co dzień
Wczoraj dobry dzisiaj inny dobrodziej
Zadufany we własnej osobie
Uświadom sobie.

Czy do zmiany ci sił wystarczy
Jesteś w stanie komuś krzywdy wybaczyć
Zejść ze złej jednej z obranych dróg
Dążyć do prawdy którą stworzył sam Bóg.

Po trochu wszystkiego

Bogaci jak i ubodzy krewni
Jakże często bywają niepewni
W zamiarach i pędu do bogactwa
Pełni pychy nienawiści matactwa.

Chociaż wszystkie osiągnęli szczyty
Medale za niebywałe zasługi
Czas przyjdzie kiedyś z pewnością
Odejdą na weekend bardzo długi.

Bez podróżnej torby czy ekwipunku
Na metrze szarej ziemi i krzyżyka
Ostatniego może życzenia
Rozgryzienia pestkowego słonecznika.

Dobra ziemia

Gdyby przyjrzeć się sprawnie z bliska
Życie to jak prawdziwe igrzyska
A gdy spojrzeć z innej strony i z daleka
Nie wiadomo jakie jutro nas czeka.

Każde jutro przegradza czasu nocka
A ranek dopędza południe
I po deszczu wielobarwna tęcza
Złote słońce zachodzące cudnie.

Na łące kwiaty malowane
Świergot ptaszyn zwiastujących poranek
Nad stawem żaby rechoczące
Żywym blaskiem wschodzące słońce.

Ostre niebezpieczne narzędzia

Narzędzia ostre siekiera i szpadel
To w stu procentach wymyślił diabeł
Był on w zamiarze oszukać chłopa
Użyć podstępu i mu dokopać.

I dodatkowo niewdzięczny matoł
Dodał mu na gratis ciekły alkohol
Chłop wziął siekierę i ruszył do lasu
Zawinął w sukno butelkę wódki
Minęła może jakaś godzina
I oto mamy skutki.

Bardzo się zmęczył ścinając drzewa
Zadowolony że idzie mu praca
Wypił pół litra dla zdrowotności
I po niedzieli dobrze na kaca.

A po śniadaniu ponowił cięcie
I niefortunnie odrąbał rękę
Żadnej pomocy szansa upadła
Winna siekierka zasługa diabła.

Dla Tereski

Do przodu iść nie oglądać się za siebie
Pomimo że wiatr twarz ci chłosta
A los rzuca kłody pod nogi
I nerwy nie wytrzymują kursu
Staramy się osiągać cele
Do szczęścia nie potrzeba tak wiele.

Przed nami jeszcze wiele zachodów słońca

Po trochu wszystkiego

Wydaje się że kręta droga nie ma końca
Sucho w gardle wiotczeją mięśni
A serce uderza coraz mocniej i częściej.

Za nami połacie czasu zapomniane
Moc słów i serca miłością pobudzane
Jak błękit nieba niebieski
I uśmiech najdroższej Tereski.

Wycieczka do ogródka

Zwyczajnie przekroczyć próg domu
Do ogródka pełzająca steczka
W letni wczesny rześki poranek
Ot taka krótka wycieczka.

Usiąść na ławeczce w najlepsze
Zachłysnąć się świeżym powietrzem
Popatrzeć na trawki pnące się do góry
Podziwiać niebo i kłębiaste chmury.

Wiatr błogo zawiewa z szelestem
Na prawdziwej wycieczce jestem
Z daleka od trosk i myśli
W konarach jabłoni i wiśni.

Być materacem

Kanapy materace i łóżka
Do siedzenia spania wypoczynku
Zaścielane w regularnie czworokąty
Zapełniają domowe kąty.

Być materacem to praca bardzo ciężka

Służyć dla pana czy pani
Dla jakiegoś osobnika po wypłacie
Zalanego do umoru na bani.

Lub zwykłego maniaka bez wyboru
Który stęka chrapie łzy leje
Wariata stojącego na głowie
Który nie wie z czego i do kogo się śmieje.

Jak trzeba wiele siły
By dźwigać te ciężary
I służyć tak każdemu
Bez względu czy młody czy stary.

Materace widziały dużo rzeczy
Horrory zdarzenia dziwne
Noce poślubne i zejścia
Dobre i mniej pozytywne.

Podnoszą zawsze na duchu
Mimo przekrętów ruchów chrapania
Bo cóż to jest ich praca
Stąd powody do narzekania.

Więc kupmy nowy materac
Nie jutro pojutrze ale teraz
Z gwarancją że w nocy się przyśni
Tort waniliowy z wiśniami
Oblany czekoladą
Potężny jak tornado.

Chlebek powszedni

Nie samą wodą żyje człowiek

Po trochu wszystkiego

Lecz chlebem czyli zagrychą
A kto tego nie rozumie
Niech lepiej siedzi cicho.

Pracować na chlebek trzeba
Źle mówić nie wypada
A chlebem trzeba się dzielić
I nie udawać dziada.

Bez chlebka drogi druhu
Nie wykonujesz ruchów
I nie popatrzysz w oczy
Wysoko nie podskoczysz.

Chlebek jest darem bożym
I prawda stąd wynika
Obdzielaj nim zwierzęta
Nie wyrzucaj do śmietnika.

Na chleb pracujesz ciężko
Od świtu do nocy co dzień
Broń Boże gdy go zabraknie
Jak żyć o samej wodzie.

Uwaga

Kapitał początkowy to zero
A dzielisz go z żoną kochanką
A co tam rozkręcasz interes
I śmiało ruszasz do banku.

Interes powoli się kręci
Umowy są i klienci
Ale się cieszysz zawczasu

Wszystko zależy od czasu.

Twój sąsiad zza miedzy był winien
Za swoje płacić powinien
Lecz pękły zasłony podwoje
Komornik zamiast jego wziął twoje.

Komornik adresy pomylił
A sąd się ku temu przychylił
I nie masz grosza przy duszy
A ten się cieszy i puszy.

Czy to jest sprawiedliwość i prawnie wypada
By spłacać dług za sąsiada
I jak to doprawdy się dzieje
Komornik jest zwykłym złodziejem.

I biznes padł jak kawka
Stół pusty i sejf bez kasy
Jak walczyć kląć czy strzelać
Czy czekać na lepsze czasy?

Sprawiedliwości gdzie jesteś
Gdy ktoś potrzebuje ciebie
To na tej ziemi nie znajdzie
Być może kiedyś w niebie.

Powód do myślenia

Myśli nadchodzą przypadkiem
Znikają tak szybko jak przyszły
Część z nich jest dużo warta
Inne po prostu prysły.

Filozof uczony inżynier
I tyle myślowych wywodów
To powoduje że świat kwitnie
A sprawy poszły do przodu.

Więc bądźmy dobrej myśli
O czym marzymy się wyśni
Rodzinie własnym kraju
Daleko odległym raju.

Na zielono

Ale frajda kot zjadł szachy
Pokłóciły się żyrafy
Mrówka nadepnęła słonia
Jeleń wkurzył rankiem konia.
Lew przypadkowo połknął węża
Pamela straciła męża
Wojnę wygrał bez oręża.

Czystość się pożarła z brudem
Dostał się do nieba cudem
Pies podpalił własną budę
Z miękkiego zrobił się twardy
Dwa słoiki trzy musztardy.

Wariat powieść wydał wczoraj
Cóż kartki z książki wywiały
Ubierał się w dwie minuty
A rozbierał przez dzień cały.

Niewidomy wzrok utracił
Nędzarz kasę w banku stracił
Zamknęli aktorkę z klanu

I to się dzieje przecie
Niestety na naszej planecie.

Kleopatra i Pompejusz

Wysokie góry Olimpu
Pompejusz do Kleopatry
    Co tak pani patrzy tak namiętnie?
    Właśnie dzisiaj to nie rusza
    Mnie boskiego Pompejusza.

Kleopatra stroi miny
Rzęsą porusza nerwowo
Tak rzekła do Pompejusza
    Ty Pompejusz masz coś z głową
    Może ci ubyło klepek
    Zmień na głowie głupi czepek
    I na rozum ci nie staje
    To żeś mądry to ci się tylko tak wydaje.

A Pompejusz nie wytrzymał
Tak po prostu tej obelgi
Uciekło mu powietrze z płuca
I strzeliły cztery felgi
Pękł ze złości i skamieniał
Nie zostawił ani jednego nasienia.

Kleopatra od Zeusa
Wcale się tym nie przejęła
I zadarła w górę głowę
Wszechpotężna lecz niczyja.

Królowa sernika

Ile jest słonecznych majów
Tyle ciasta jest rodzajów
Torty w najróżniejsze wzory
Wypiekane na amory.

I placuszki okrąglutkie jagodzianki
Z kremem lukrem cukrem dżemem
I z dodatkiem spirytusu
Że zaszumieć może w głowie
Czasem jedzie pogotowie.

A cukrzyca idzie w górę
Ktoś kto lubi zjada furę
To jest prawda stąd reklama
Co potrafi piękna dama.

W sercu samej Ameryki
W Princetonie w stanie New Jersey
Mieszka pani Tereska
Piecze super dobre ciasto
    Które uspokaja nerwy
    Goi rany zmniejsza bóle
    Mamy do czynienia z królem
    Co sernikiem się nazywa.

Ta kucharka błyskotliwa
Piecze sernik dla rodziny
Dla znajomych i familii
Wujka ciotki i doktora.

Dawno temu jak pamięta
Upiekła dla prezydenta

Stanisław Pysek Prusiński

Czyli dla Białego Domu
Prezydent spożył go w karocy
Po kryjomu późno w nocy.

Tak mu sernik siły dodał
Że mówił długo i mądrze
Aż mu brawa przez dzień bili
Coś takiego się nie spotyka
Jak szeroka Ameryka.

Niebo w buzi to za mało
Sernik zjadasz na zakręcie
Na stopie i na okręcie
Nawet jedną trzecią armii
Sernikiem Tereski nakarmi.

Piekąc na szeroką skalę
Piernik zawsze się opłaci
W domu w szkole w barze w lesie
Mało cukru troszkę wody
Wiśnie jagody czereśnie.

Po serniku wstajesz wcześnie
Z humorem każdego ranka
Własny mąż cię będzie cenił
Nie opuści cię kochanka.

Sernik też wspomaga pamięć
Stąd taka ochota do zajęć
Po serniku możesz uczyć
Nigdy też się nie utuczysz.

Sernik pani jest niedrogi
Pomocny na żyły i nogi.

Po trochu wszystkiego

Spożywając go pomału
To nie dostaniesz zawału.

Leczy rany niszczy kleszcze
I inne insekty jeszcze.
Dobry w zimie latem wiosną
Po serniku włosy rosną.

I bicepsy potężnieją
Nawet starzec co się chwieje
Po serniku ma nadzieję
Że mu stówka na kark wejdzie
I choroba się rozejdzie.

Sernik też wyklucza błędy
Likwiduje zawrót głowy
A poprawia też kulturę
Ba leczy wady wymowy.

Skontaktuj się z młodą panią
Możesz zawsze liczyć na nią
A niedługo się okaże
Zostaniesz znanym pisarzem.

A z powyższego wynika
Że poglądy z czasem zmienisz
Staniesz się inny weselszy
Może szybciej się ożenisz
Za mąż wyjdziesz porą ranną
Nie zostaniesz starą panną.

Brawo wiwat dla sernika
Niech zapełnia stół weselny
Zdrowy słodki i wspaniały

Nasz serniczek nieśmiertelny.

Grzmią fanfary tańczą deski
Brawa dla sernikowej Tereski
Przyjrzyj się Teresce z bliska
To jest żona pisarza Stasia Pyska.

Memory

Pamięci o przeszłych czasach tak wiele
Zawartych w poszarzałych księgach
Od początku istnienia człowieka
Począwszy od papirusu
Można by rzec że to plany Boga
I wolnej woli tak bez przymusu.

Wspomnienia o tych co odeszli
Dawno temu przed laty godziną
Pozostaną w naszych umysłach
Z naszym odejściem też przeminą.

Przetrwanie wiążące się z końcem
Powoli gasnącym słońcem
A może i klimatu zmianą
Dla ludzi niedobrą niechcianą.

Memory to pamięć do tyłu
Odeszło minęło co było
I dobre i złe wspomnienia
Wpisane w życiowe istnienia.

Bal dusz

Daty zdarzeń wpisane w historię naszej ery

Po trochu wszystkiego

Czasy przed potopem egipskie starożytne
Szczyty uroczystości kronikalne bale
Czego dowiedzieliśmy się o przeszłych pokoleniach
Przypominamy lecz nie obchodzi to nas wcale.

Nasze ziemskie spotkania
Mamy w zasięgu tuż tuż
A czy ktoś pomyślał
Tak o balu dusz?

Jak żyć i wszystkim sprawom sprostać
By się kiedyś na bal dusz tak kiedy dostać
Na spotkanie z tymi co dawno już odeszli
I na tamtą niewidzialną stronę przeszli.

Na spotkanie w innym wymiarze
Daleko od ziemskich zdarzeń
Może spotkać krewnych znajomych
Przy szerokim strumieniu czystym
Wielkim zastawionym stole
Nakrytym obrusem wieczystym.

A może spotkać się na balu
Gdzie piękna muzyka przygrywa
I gości w nieskończoność przybywa
Miłe uśmiechy i spojrzenia beztroskie
Czułe dostrzegalne boskie.

A może w środku rajskiego sadku
Uściśniesz ojca przywitasz się z ukochaną matką
Z bratem siostrą wujkiem i drogą ciotką
Ucałujesz i przytulisz się słodko.

A może to będzie spotkanie duchowym cieni

Na tle przejrzystego boskiego krajobrazu
Bez trosk znakowo stopów skrzyżowań zakazów
I spokój jakże inny od tego na naszym świecie
A dowiecie się gdy tam przybędziecie.

Apele

Moda na sukces i zmiany
Rodzące się coraz z postępem
Wyzwania stawiane przez ludzkość
Postrzegane jak skomplikowane i ślepe.

Teoria praktyki nie zmusi
By iść w nierozłącznej parze
Teoretycznie jest napisane
Praktyka coś innego pokaże.

Bezcenna naukowa wiedza
Jak miedza dzieląca bariery
Odwaga się bije ze strachem
A mieszkają pod jednym dachem.

A krew płynie w żyłach czerwona
Bezcenna życiodajna i droga
Przelewana na polach bitewnych
W imię kogo szatana czy Boga?

Modlitwy o pokój i zwycięstwo
Spełzają na niczym każdym razem
A równość i wolność się spełni
Może kiedyś na naszej ziemi.

Być wolnym

Być wolnym żyć prawdziwie na prostej
To nie mieć sławy trosk obawy czy bólu
Nie ogrodzony kolczastym wysokim płotem
Z dala od osad władców i królów.

Nie pożądać pragnąć nie cudzołożyć
Nie martwić może z braku czasu
Nie znać łaknienia głodu i chłodu
Telewizji komputera i kompasu.

Być takim jak Bóg stworzył duszą i ciałem
Takim jakim urodziła mnie matka
Bez grzechu pierworodnego Adama dziadka
Babci Ewy i złotego jabłka.

I nigdy nie wierzyć w szatana wdzięki
Ugryźć jabłko tak żeby nie złamać szczęki
Nie sprzyjać złu niech się boczy
Uszy mieć w górze i otwarte oczy.

Powiastka wezwanie do sądu

Powiastka wezwanie minionego terminu
Wydarzenie które nastąpiło
Rok temu wczoraj przed godziną
Sprawa może okazać się błahą
Ktoś ukradł ze sklepu ciacho.

Uderzony sękatym kijem
Wraca do domu z rozkwaszonym ryjem
Zahaczył nogą o wagon na kolei
Spowodował wypadek pociąg się wykoleił.

Stanisław Pysek Prusiński

Za to grozi pięcioletnia odsiadka
I spotkało to właśnie tego dziadka
Odsiedział i wrócił starszy
Boczy się spode łba patrzy.

Żona odeszła umarła matka
Pozostał z kozą i sklerozą
A martwić się na starość nie wypada
Zagłodził kozę i znów zamknęli dziada.

A mnie się zdaje

A mnie się zdaje że kogoś do siebie przygarnę
We dwójkę będzie raźniej
Nakarmię napoję uśmiechnę się do niego
Cieszmy się koleżanko kolego.

Nic tu po mnie tylko się marnuję
Nie pracuję i nie jestem na urlopie
Lenię się rozmawiam ze sobą
Widzę zieleń i duże konopie.

Jedzenie wyrzuca mi woda morska
Nie jest źle na mojej prywatnej wyspie
Zjem obiad i dobrze się wyśpię
Nie mam konta i długów za mieszkanie
Słyszę głos to żona
                Obudź się kochanie.

Gra o życie

Zagrał o życie z czartem
Pomyślał że nic nie jest warte

Po trochu wszystkiego

A co się ma dwoić pan hrabia
Niech diabeł na niego zarabia.

Szeroki stół i karty
Na krześle czart rozparty
Przetasowane karty
O duszę gra nie na żarty.

Hrabia chciał zmylić bestię
Stwarzając taką kwestię
Pokropił talię wodą święconą
Bo liczył na amnestię.

I żeby mu się upiekło
Pomyślał ogram piekło
A czarny też był cwany
Powąchał woda święcona
Wkurzył się nie na żarty
Podmienił hrabiemu karty.

I przegrał hrabia z szatanem
O czwartej nad samym ranem
Została młoda żona
I woda poświęcona.

Naprawiać

Psuć i naprawiać zarazem
Krzątać się sprzątać ślimaczyć
Być niezależnym wolnym
Kimś być i w historii znaczyć.

Udało się to lecz nielicznym
Związanym z wybitną nauką

Ciężką pracą i poświęceniem
Bohaterskim oddaniem i sztuką.

Zasługi jak bańki mydlane
W niwecz obrócone przepadły
W historii zapisanej
A księgi mole zjadły.

Naprawiać świat i przetrwać
Jest sztuką nie byle sprawą
Śnić o tym co może nas spotkać
I mieć do tego prawo.

Tarcia w demokracji

W dążeniach do demokracji
Walka o prawa jutra
Niestety marne wyniki
Jak wypłowiałe futra.

Gdzieś na dalekiej kolonii
W Grecji czy może Polonii
Trwa polityczna walka
Nieomal topiąca się arka.

Bo pójść na kompromisy
To jest dopiero sztuka
Po drodze tyle zakrętów
Jak prostej drogi szukać.

I nieprzewidziane przeszkody
Ścierają się dążenia
I każdy chce coś ugrać
Naprawiać i zmieniać.

A rzeczywistość to jest dzisiaj
I co się zdarzy jutro
Bo tym co się wynoszą nad prawo
Niebawem nosa utrą.

Problemy w demokracji

Złodziej nawiał kasa padła
Demokracja się rozpadła
Wychyliła się i znika
To sprawiła polityka.

Polityko polityczna
Dziwna i ekonomiczna
Tata został bez jedzenia
Za to z prawem do pierdzenia.

A stało się to późno w nocy
Bo nie przewidzieli opcji
Być za górą i w szałasie
Zrozumieli to o czasie.

Ale w końcu się kapnęli
Co to znaczy polityka
Siedli przy wspólnym korycie
I zjedli całego indyka.

Wtedy założyli sankcję
Na krainę niedosytu
Zostały im cienkie szkapy
A tamtym podkute kopyta.

Szablony złych zamierzeń

Szablon wzór do naśladowania
W kulturze myślach polityce
Okazuje się nie do przyjęcia
Bruzdy niedomówienia pęknięcia.

Nieczytelny zaborczy nieprzejrzysty
Wybielane wielokrotnie wygniecenia
Bez przyszłości ogromem szaleństwa
Nie do wdrożenia.

Kto by pomyślał że ludzie to przyjmą
Bez korzyści i same szkody
To jakby słaby starzec
W jednej chwili zrobił się młody.

Wolność prawa jednostki ogółu
Dyktatura i prawo przemocy
Szczerzące zęby władców
Błyskające i kąsające z całej mocy.

Kultura zanika

Nie wiadomo doprawdy jak to się dzieje
Patrząc w prawo na lewo czy w górę
Coś takiego co bardzo ważne
Jeśli chodzi o zwyczajną kulturę.

Pewne opcje grzecznościowe upadły
Do kultury dziwne słowa się wkradły
Pokraczne grubaśne nietypowe
Że to nie może przejść przez głowę.

Po trochu wszystkiego

Mam cię w d... na dziennym porządku
Powtarzane od poniedziałku do piątku
Używamy tak wiele wątków
Jak by na zdrobniałe coś nas nie było stać
Tylko odwal się lub psia go mać.

Nie oddam nie przeproszę prędzej zastrzelę
Słychać nawet w niedzielę po kościele
Pluć na kogoś coraz częściej się zdaje
Okłamywać tylko kogo się daje
I na języku latorośl nastaje
Aż serce z litości się kraje.

Spotkania

Zgrzyty zamglonej zwyczajności
Pokraśniałe lica i wstrząsy
Zwichrzone potargane włosy
Tak różne spotkań pogłosy.

Po latach przebiegłych pośpiesznie
Przeżytych nieobecności przypadkiem
Wspólne spacery na dzikiej plaży
I świąteczne dzielenie opłatkiem.

Korytarze swawolnych myśli
Rozpacze na tle rozłąki
Dążenia do bycia wspólnotą
Jak kwiatów roztrzepane pąki.

Z nagich serc się nagle wyłania
Rozpaczliwa chęć do pozostania
W nadziei że wrócą krajobrazy
Bez łez z ogromem wielkich marzeń.

Kwiaty na szczęście

Kwiaty przynoszą nam szczęście
Pachnące w kolorowym rozkwicie
Pomagają w rozumieniu spraw ważnych
I przedłużają życie.

Wzbudzają uczucie i miłość
Do partnera czy partnerki
Mnożą miłosne gierki
Uspokajają smutki i rozterki.

Dzięki naszej wspaniałej naturze
Nasze piękne i czerwone róże
Kwiatuszki i to na każdą okazję
Zasiewają w umysłach dobroć i fantazję.

Co zrobić

Jak okryć się sławą
Być znanym podziwianym kimś ważnym
Rozbrzmiewać na ustach ludzi
Być odkrywcą czy czymś w tym rodzaju.

Czy istnieje program na sławę i wielkości przydział
Odkryć to co nikt na świecie nie widział?
I pytanie nasuwa się tak bardzo ważnie
Czy próbowałeś poznać swojego ducha?
Naprawdę zostałem sławny i okrzyknięty
Na pierwszych stronach gazety
We śnie niestety.

Grzeczność

Grzeczny być może niebezpieczny
Wchodzi cichaczem do nie swojego domu
By nie obudzić sąsiada
Przepraszam proszę dziękuję
Sam do siebie często gada.

    Proszę usiąść mówi do siebie
    Spocząć proszę pana w nocy czy z rana
Na świetle czerwonym przepuszcza samochody
Szanuje prawa przyrody.

Nie spadnie z dachu bez pozwolenia
Dzień dobry i nigdy zdania nie zmienia
Nie płacze na pogrzebie tylko na ślubie
Znajdzie to i odda czego ja nie zgubię.

Nie cudzołoży
Komu brakuje ze swojego dołoży
Śpi zazwyczaj bez poduszki
Jabłka drogie to kupuje gruszki
I tak dalej grzecznego zalety
Lecz gdy robi to w wc nie pierdzi
Ale nic nie poradzi jak śmierdzi.

Zdziwienie sowy

Dziwiła się sowa że ludzie śpią w nocy
Jak można spać gdy nic nie widać?
Ktoś wpadnie do domu i okraść może
To głupie i po co mu ta bida.

Śpią to źle jest bo za to nie płacą

A sowa mądrzejsza bo śpi tylko za dnia
Na drzewie nie w ciemnej chałupie
I nawet nie zamkniętej bo ponoć nie wypada
Tylko sowa śpi całą gębą
Bo za dnia i w nocy nie ukradną dębu.

Głupia sprawa

Przegiął otrzymał i płacze
Chociaż siłę ma prawie konia
Przypadkowo wczoraj z Mercer County
Zażartował i obraził słonia.

A co tam pomyślał to słonisko
Ma tylko dużą trąbę i to wszystko
Jestem młody mam sprawne silne ręce
Jak mnie wkurzy to ucho mu ukręcę.

Właśnie otwierał butelkę z wody
Tak naprawdę to tego nie chciał
A pomyślał ktoś mi może fiknąć
I beztrosko słonia wodą oblał.

A teraz kojarzy to z bombą
Oberwał znienacka trąbą
Oderwało mu od ziemi pięty
Wirowało mu w głowie że Boże Święty.

Ale później nastało to najgorsze
Już pół roku nosi twardy gorset
Tak naprawdę nieprzyjemna sprawa
Starego konia ze słoniem zabawa.

Wydarzenie

Natchnienie tak z rana to jest coś
A sen niesamowity miał gość
O sałacie na grządkach z zającem
Lewą nogą wstał i niechcący
Zawadził prawą nogą o takie coś.

I gość pada na dywan jak długi
W ślepiętach świetliste iskry i błyski
Zawadził się o fortepian niski
I wpadł do głębokiej kołyski.

Kołyski na zamówienie pustej
Za dużym obrazem i lustrem
Same kłopoty z tym panem
Normalnie jest przerąbane.

Karmić w nocy bo ryczy nad ranem
A i noce nieprzespane
A wszystko przez zająca w sałacie
I taki jest przechlapane.

Zakochany karaluch

Karaluchem był owadem
Zwyczajnym leśnym brzydalem
Zakrzywionym garbatym i rudym
Poruszał się niezdarnie przy lasce
Nie miał twarzy i chodził w masce.

Skąd tego zdarzenia przyczyna
Karalucha zauroczyła dziewczyna
Zbierająca grzyby w lasku

Jesienią o porannym brzasku.

Jak dalej z opowieści wynika
Karaluch wlazł do koszyka
I schował się między grzyby
Po prostu tak na niby.

Zamierzył oświadczyć się pannie
Schował się w rogu w wannie
Niestety na swoją szkodę
Panienka puściła wodę.

I wniwecz się obróciły
Karaluchowe zamiary
Mezalians popełnił owad
Jak brzydki tak i stary.

O zgrozo

To wydarzenie przestrzega
Że chciwość nie utuczy
A można wszystko stracić
A nawet życiem przypłacić.

Żył w pewnym mieście pastor
Co kupił sobie klasztor
By służyć sobie nie Bogu
Niestety miał wiele nałogów.

Po pierwsze to był chciwy
I dużo by opowiadać
W słoikach dużo drobniaków
A grube składał w szufladach.

Po trochu wszystkiego

On nauczając wiary
Sam wierzył tylko w talary
Nikomu ten nie przepuścił
Choćby najmniejszej ofiary.

A za pokutę grzesznicy
Klęczeli długie godziny
I oto pewnej niedzieli
Do raju odchodzi kościelny.

Cóż zrobić myśli pastor
Należy za pogrzeb wziąć
A co tam za żarcie służył
Ale się również zadłużył
I nie zapłacił składki
Za namaszczenie matki.

I nie pochował bliźniego
Ten leżał dwa tygodnie
Choć i pachniało nieładnie
A pastor czekał na kasę
Aż ciało się rozpadnie.

Umarły jednak nie płacił
Pastora tak złość poniosła
Że dnia pewnego rankiem
Zabił kościelnego osła.

A potem zabił i siebie
Nie będzie na swoim pogrzebie
Czy problem rozwiąże się w niebie
I komu zapłaci za siebie.

Nie bać się życia to rozkaz

Starość spokojna i cicha
Wpatrzone źrenice w górę
Jak gdyby czekanie na coś
Co przebiegnie przez szarą chmurę.

Dni biegną teraz kłusem
Człowiek robi się dziwny i chciwy
I bardziej pokornieje
Staje się sprawiedliwym.

Niekiedy trzeszczą członki
I oczy patrzą mętnie
Z łóżka wstajemy wolno
Z trudnością i niechętnie.

Nie trzeba bać się starzeć
Głosować nie siedzieć cicho
Bo jak bardziej skapciejemy
To wcześniej nas porwie licho.

Obelgi

Kląć to grzech i nie przystoi
Tym bardziej że przy niedzieli
To znaczy wyrażać się niemądrze
Tak żeby wszyscy słyszeli.

Ale i milczeć jest trudno
Gdy ktoś nadepnie na oko
Cóż zrobić gdy ręce świerzbią
Ciśnienie skoczyło wysoko.

Po trochu wszystkiego

Najlepiej wyjść z opresji
W imię dobrego ducha
Oddać i w innej formie
I na leżąco go wysłuchać.

Możecie i nie możecie

A róbcie co chcecie pajace
Tak nawiązując do sprawy
Ja s... na wasze zabawy
Pracuję zarabiam i żyję
Olewam wasze ustawy.

Rozwalcie tę demokrację
Wylejcie brudy na głowy
Biegajcie sobie beztrosko
Pokażcie to na stronie rządowej.

Mam w nosie wasze reformy
Wisowcy i kanibale
Pewnego dnia się wkurzę
I wtedy wam dowalę.

Nie jestem mściwy i zły
Cenię wolność i pokój
Ale wam nie wybaczę i zapłacę
Za krzywdy kłamstwa niepokój.

A czas ten rychło nadejdzie
Bat szyje się nielichy
I mimo dziwnego poparcia
Odsuną was od żarcia.

Wiosna lato

Wiosna uwinęła się pędem
Rozdała sadzonki na kwiaty
Więc szybko ruszyły w górę
Jak salwy z wielkiej armaty.

A lato a co ty na to
Pokaż że też jesteś szybkie
Ogrzej więc wodę w rzekach
I uciesz zwinną rybkę.

Oj lato nie dojrzało jeszcze
Regularnie prawie co dzień deszcze
Ale wyjrzało słońce
Gorące i jaśniejące.

I robi się nadzwyczajnie
Kolorowo ciepło i fajnie
A wiśnie poczerwieniały
A żabki ze stawu wyjrzały.
.

Jabłonie pięknie zakwitły
Pyzate o dziwnych brzuszkach
Tylko patrzeć a za dni kilka
Pojawią się malutkie jabłuszka.

A łany zbóż wiatr błogo pieści
Las szumi i niesie wieści
Wieńcem na łące zielonej bajkowej
W podzięce dziewiczym rumieńcem.

Wiwat lato

A teraz co ty na to?
Ty możesz temu sprostać
Nim jesień się przyczłapie
Ty musisz jak najdłużej tutaj zostać.

Wrony kraczą

Pól bitewnych okrutna agonia
Poszarpanych klawiszy harmonia
Ciał rycerzy leżących w potrzasku
W imię Boga walczących w dwie strony
Krajobraz zniekształcony zadymiony.

A liczni zwycięzcy już odeszli
Niepokorni czy Bóg ich wysłucha
Końskich kopyt zamilkły odgłosy
I zboża zdeptanego kłosy.

Lecz bój ten jeszcze niedokończony
Diabeł wysłał na żerowisko wrony
Kołtuniaste krzewiaste krzykliwe
Czarne krwiopijne obrzydliwe.

I uczta trwa aż się ściemni
Pan Bóg oddał dla wolnej woli
I człowiek niszczy człowieka
Jak zabije to później już nie boli.

Bywa i tak

Chciał w młodości zostać królem
Ale królestwa nie w modzie
Kapitanem okrętu
Na oceanicznej wodzie.

Sportowcem muzykiem atletą
Nie mógł podjąć decyzji
Ciągle się wahał
To wszystko było nie to.

Zwlekał i został świnią
Co trochę go nieraz i martwi
Zrobił doktorat z historii
Zapisał się do partii.

Pieniądze ma niemałe
Ktoś inny za niego się martwi
I o nic nikt nie pyta
Napiszą to przeczyta.

A pozwolenie dali
Nieważne co napisali
Lecz często słyszy naprawdę
Bądź świnią ale mów prawdę.

Luksus

Luksus lubi się powtarzać
W kręgach egzystencji i dobrobytu
I budzi się w tym temacie
Wiele obaw i pretensji i chwytów.

Luksus musi drogo kosztować
Czy jesteśmy w stanie go stworzyć
Ile to trzeba w tym procesie odłożyć?
Luksus planowany odgórnie
Z miłości do dużej forsy
Jest zwyczajny ten gorszy.

Na luksusy przeciętnego pana
Robol pracuje od rana
Powstaje tu produkt nie po równo
I dalej się można domyślić
Co otrzyma robotnik z luksusu zwykle g...

Lato w pełni

Lato w pełni
Czy nasze marzenia spełni?
A może tak wycieczka
Do pobliskiego leśnego zagajnika
Z dala od miastowego gwaru.

A co tam
Wybierzemy się na słoneczną plażę
Zamoczymy stopy w rześkiej wodzie
O słońca zachodzie.

Wymarzony wyjazd w góry wysokie
Spotkanie z pędzącym obłokiem
Jak sięgnąć okiem świat u naszych stóp
To wszystko co ofiarował nam sam Bóg.

Kapeczka radości

Nastał czas
Kiedy w pewnym państwie na świecie
O tym poniżej się dowiecie
Panowała radość w mieście gminie i powiecie.

Nagle krach i zmieniono rządy
Nowe prawa i inne poglądy

Stanisław Pysek Prusiński

I dekret wydano na radość a to pech
Zabroniono wykonywać śmiech.

Zakaz śmiania się na ulicy i w domu
Zbiorowo na placach i po kryjomu
Uśmiechniesz się do dziecka teściowej czy żony
Ktoś to dojrzy i jesteś skończony.

Za uśmiech do brata cztery lata
Dwa lata do matki odsiadki
I nastał przymusowy smutek
A oto tej reformy skutek.

Płakano z byle powodu
Na weselach chrzcinach w czasie rozwodów
Dla przykładu ktoś coś śmiesznego powiedział
Sprawa w sądzie i delikwent już siedział
Za uśmiech do siebie czy lustra zawiasy
Nieciekawe nastały czasy.

Kiedyś jeden gość i niegłupi
Przyjrzał się tej sprawie z bliska
Odnalazł szefa zakazów reformy
I tak mu przyłożył kopa
Że ten nigdy nie odzyskał formy
I to poskutkowało i odwrócono reformy.

I teraz nie musisz się bać
Legalnie można się śmiać
Możesz się uśmiechać mile
Być uprzejmym i grzecznym
Nawet na końcu czasów
Na sądzie ostatecznym.

Burza

Nie płacą a dmie jak najęty
Nie słucha zabiera wszystko
Co znajdzie się na jego drodze
Okropne wstrętne wiatrzysko.

Nikogo się nie boi
Zawodzi i głośno jęczy
Spróbuj mu zwrócić uwagę
To buzię ci wykręci.

O Boże aż nie do wiary
Obydwoje niszczą konary
Potężne budynki trawy i róże
I wszystko ląduje w górze
Stworzyli siostrę burzę.

A słońce nie może na to patrzeć
Tej spółki barbarzyństwo
I znika za widnokręgiem
A noc zakrywa wszystko.

Gdy ciemna noc zapadła
Głucha na burzy jęki
Na niebie ognia łuna
Wiatr wezwał brata pioruna.

Chyba wszyscy powariowali
Wiatr dął a deszcz napieprzał
I biły koślawe pioruny
Powietrze drgało jak struny.

I ogień w języki się splata

To pewnie koniec świata
Woda nadciąga i szumi
I może się wydawać
Że postradali rozumy.

A ranek nastał po nocy
Krajobraz jak na polu bitwy
Przez oszalały wicher
Z pomocą ognia wody i sitwy.

Cóż człowiek teraz pocznie
Postradał się chałupy
I mało brakowało
Zerwało by spodnie z d...

Niedostatek

Niedostatek znaczy bieda
Nabyć można trudniej sprzedać
Na każdym kroku to widać
Z różnych przyczyn na całym świecie
Szerzy się ogromna bieda
Trawiąca miliony ludzi
Wpisana tragicznie we światy
Ktoś pragnie kawałka chleba
A inny inwestuje w armaty.

Jak sądzicie gdzie jest prawda i czyja
Teoria z praktyką się mija
A wolność i równość to fikcja w przypadku
Dlatego na ziemi jest moc niedostatku.

Wizyta u doktora

Dzwoni gość skądś
Był u doktora dzisiaj
Ma bardzo dobre wyniki
W obrębie klatki piersiowej
Nie stwierdzono płuc.

Serce przestało mu tłuc
Dwa dni nie bije a on wciąż żyje
Wątroby nie pośledzi
W lewej nerce gwóźdź trzy calowy siedzi.

Ręce powyginało
Żołądek się skurczył o trzy cale
W trzustce pustki i kapsle po browarze
W mózgu zalęgły się robale.

Ale co się dzieje dalej
Pacjent wrócił do domu pełen do życia chęci
W drodze do domu pół litra przekręcił
Jest trzeźwy i nie ma dość
Ale musi kochać życie ten gość.

Istota myślenia

Myśli w prawo na lewo i w górę
Poszerzamy tym kulturę
Udzielamy się myślowe
Potrząsając przy tym głową.

A myślenie to też pewność
Wzmacnia uczucie i nerwy
Czynność ciągle powtarzana

Bez względu na różne przerwy.

Obiektywnie i powoli
Kontrolujemy swoje myśli
W każdym razie nie na gazie
Bez gatunków alkoholi.

Bo myślenie jest na opak
W głowie może pomazgolić
Nie myślenie w czasie jazdy
Dla przykładu samochodem
Może skończyć się niefortunnie
I stworzyć niemiłą przygodę.

Wadą jest myśleć na zapas
Co jutro zdarzyć się może
Bo może się skończyć fiaskiem
Koń na wczasach a pług orze.

Gatunek złego

Diabeł klasyczny taki z rogami
Z wielkim wijącym długim ogonem
W pazurach wideł trójzęba trzyma
A w ślepiach głownie ma zapalone.

Diabeł żyjący w starożytności
Kusił i nęcił rozbawiał gości
I się objawiał w tamtej kulturze
Małe potknięcie i chłop na sznurze.

Wkurzał wieśniaka na dworze służbę
Ten młotem rozpieprzył kuźnię
Gdy się skapował wtedy się opił

Po trochu wszystkiego

We własnym stawie sam się utopił.

A w naszych czasach diabeł się zmienia
Wchodzi powoli w nasze sumienia
To się zobaczy w czasie urlopu
Zamienia zakręty na znaki stopu.

Naiwni wierzą w diabelskie cuda
A więc ukradnij może się uda
Na trwałe wdziera się w rodzinne sprawy
Nienawiść szerzy i trwogę budzi
Szatan tak bardzo nie kocha ludzi.

Pytania

Pytać nie jest błędem
Ale wiedzieć o co pytać
Niepotrzebnie zadając pytania
Można biedy sobie napytać.

Wolność słowa i wyznania
Teoretycznie wiążąca wciąż nowa
 Ze zmieniającym się czasem
Odradza się praktycznie od nowa.

Człowiek świata tak ciekawy
Próbując rozwikłać sprawy
Ściera się z rzeczywistością
I tu nowe się wyłania
Odpowiedzi bez pytania.

Odpowiem na własne pytania
To nowe światło rozjaśnia
Że lepszy jest brak odpowiedzi

Niż gorzka prawda i własna.

Sobą być

Oczekiwanie żeby być sobą
Uprzejmą lubianą osobą
Cenioną w pracy domu kościele
Czy to potrzeba tak wiele?

Zależnie od sytuacji
Na wiecu ulicy czy sejmie
Zachowujemy kulturę i godność
Możliwe jak najuprzejmiej.

A więc przyjaciele towarzysze
Na zdrowie głośniej nie słyszę
Hura i pełni werwy
Trzymajmy na wodzy nerwy.

Szanując siebie nawzajem
Wykonujemy pracę
Pracuję żeby żyć godnie
Planuję zarabiam nie płaczę.

Bagatelizacje

Nie brać pewnych spraw pod uwagę
Znaczy bagatelizować
Minimalizować ważne sprawy
Być może w poważnym programie
Nie włożyć w ramę obrazu
Zrobić zdjęcie przy samej ramie.

Uśmiechasz się z ironią

Ba robisz minę byczą
Poparto cię w wyborach
Niech inni głosy liczą
Ktoś nabrał kogoś na skręta
Drożdży do placka zabrakło
A jutro roczne święta.

Bagatelizuje się często
Pokazują to liczne sondaże
A rząd się ciągle zmienia
Zostają te same twarze.

Rozwód i papuga

Taka klapa finisz w sądzie
W różne się udali strony
On w lewo ona na prawo
Ona wściekła on wkurzony.

To nie koniec sprawa druga
Komu przypadnie papuga
Mądre uczone ptaszysko
Albowiem widziało wszystko.

I kto tego rozwodu jest winien?
To ten przeprosić powinien
Kto adoptuje papugę
Za młoda do domu starości
I ujmie się za słabszymi
Przywita przybyłych gości.

Papuga przemówiła sądzie
Do niego i do onej
    Mnie rola tutaj przypadła

I żeby małżeństwo wróciło
Należy pozbyć się diabła.

Papuga miała rację
Bez diabła udane wakacje
I wszyscy żyli szczęśliwie i długo
Wspólnie z uczoną papugą.

Poemat na czasu temat

Uciekł czas jak z bicza strzelił
Nie próżnuje pędzi dalej
Ziemia krąży po orbicie
Cóż poradzić takie życie.

A wiadomo latka lecą
Przeżyć i minionych zdarzeń
Wczoraj bujał się w kołysce
Dzisiaj już brodaty starzec.

Ona była kiedyś młoda
Elegancka zgrabna gibka
Dzisiaj to dziwaczna gdyba
Jak na wędce zwiędła rybka.

Dalej to już jednym chórem
Wspólny czas kielichy pełne
Niechaj przyjdą dni słoneczne
Pożyteczne i przyjemne.

Te chwile

Te chwile w których czuje że żyję
                                      I jestem

Po trochu wszystkiego

Ta cisza gdy piszę i tworzę
Światełko z małej lampki na stole
I ciemność za oknami na dworze.

Myślę jak stworzyć nowy temat
Coś prawdziwego z pisarską ikrą
Czasami jednak to nie wychodzi
I wtedy jest mi bardzo przykro.

I pióro zastyga w bezruchu
Kłębiące myśli w skołatanej głowie
I proszę może więcej się dowiem
Duch kapeczkę wyrazek dopowie.

Doda siły i literki w wyrazach rozmnoży
Nowy zapał i chęci prześle
Otworzy coś niespodziewanego zarazem
Pomajstruje głęboko w umyśle.

Nagle temat się skurczył
Nastąpiła niechciana zła przerwa
Niknie werwa ambitna poety
Nanoszone na papier wyrazy
Przekreślane przez wiele razy
Brak zapału i niechęć się czuje
Błąd za błędem coś się nie rymuje
I staram się wytrzymać nie wątpić
Lecz nie zamierzam ustąpić.

Nagle coś zapukało do umysłu
Dzięki Bogu olśnienie przyszło
Ratunek nagle prosto z nieba
Tego poecie było potrzeba.

Bóg sprawił że znów przeżyłem
I w siebie jeszcze mocniej uwierzyłem
Mam tytuł wiersza na zawołanie
I odpowiedź na moje pytanie.

Bardzo ważne Asia wylądowała

To nowe będzie jutro
Stare przepadło z kretesem
Dzisiaj teraz i tutaj
Kłaniamy się nisko i z gestem.

Mobilizacja na dobre
Bo ze wschodzącą gwiazdą
Pysek napisał sto pięć wierszy
Do córeczki Joanny przyjazdu.

Czasu niewiele zostało
Lecz Pysek pozostał na ringu
Bo kiedy Joasia przyjeżdża
To musi być na dopingu.

Wiwat Asia córka Stasia
I Tereski od sernika
A w domu jest wielkie święto
Na stole beczułka wina
Dzwon bije i słychać wiwaty
I cieszy się cała rodzina
Całusy od mamy i taty.

Naprawiony Pysek

Oto i zdarzenie całe
Dzisiaj Pysek dostał pałę

Po trochu wszystkiego

Coś napisał o diabełku
Omal nie zarobił ścierką.

Domyślacie się od kogo
Pysek dziś wstał lewą nogą
Uwierała go poduszka
Śniło mu się w nocy ośle
Myślał ktoś mu wiąchę pośle.

Sen się sprawdził cały z mała
I się sprawa okazała
Wziął się za pisanie wiersza
Stworzył właśnie cztery zwrotki
O tym jak się zbiły spodki.

O kocie co spadł z kredensu
Takie bazgroły bez sensu
Pisał niczym nawiedzony
Jakieś może cztery strony
Lecz nie został pochwalony
Ale zbity nagle z tropu
Aż wypieki miał na twarzy.

A Tereska rzekła na to
   To nie jest zgodne z zapłatą
   To za długie wyraz głupi
   Na co liczysz ktoś to kupi?
   To nie jest po chrześcijańsku
   Co za temat przerwa spora
   A tego to ja nie kojarzę
   Same smutne dziwne twarze
   Pysek zabierz się do kupy
   To nadaje się do zupy.

Posłuchał autor krytyka
Cóż miał począć Pysek
Poprawiona pierwsza strona
Tereska zadowolona.

Na Pyska przychylnie zerka
Przyniosła nawet cukierka
I zrobiła dobre picie
Nieraz błędy się zdarzają
Taki świat jest samo życie.

Kaprysy życia

Głośne kaprysy życiowe termedia
Przepowiednie na święta i dni powszednie
Zebrane z wichrem i skąpane w wodzie
Zbladły pożółkły przeminęły z kretesem
Co się zmieniło kim naprawdę jestem?

Artystą zbójem chłopem małorolnym
Może motylem żyrafą lampartem
Drążą mnie myśli dziwne karłowate
Na czasy modne jakie teraz mamy
Wodnej zapory albo kutej bramy.

Kaprysy życia i z nowym balastem
Róży czerwonej porównanej z chwastem
W butli zamkniętej zwietrzałe wino
Duszy katuszy obarczonej winą.

Recepta na zdrowie

Żyć długo to się nie bać
To trzeba się na tym znać

Po trochu wszystkiego

Nie chodzić w dziurawych butach
Z czystym sumieniem kłaść się spać.

Obchodzić posty w piątki
Nie wtrącać w nieswoje brnąć
Udzielać się w kościele
Czego się wstydzić to kląć.

Nie chodzić po doktorach
A to kosztuje niestety
Być zawsze w pogotowiu
I jeść nie tłuste kotlety
Bo można zostać świniakiem
To wina własnej diety.

A co jest również ważne
Na koniec rzeknę tyle
Że w zdrowiu najważniejsze
Być mądrym a nie debilem.

Popatrz

Boże jak na tym świecie jest pięknie
Widzisz ten las i łąkę
Czy ścięte po żniwach rżysko
To nie wszystko.

W ramach wolnego czasu dobrze się baw
Przepłyń rzekę wpław
Z werwą na trzeźwo
Nie udawaj się tam gdzie oczy poniosą.

Przypomnij co ci powiedział twój teść
Cytuję   wyjeżdżam

Pilnuj mojej córki
Cześć.

Pójdę dokończę

Pomyślę poszukam i znajdę
To nic że zmęczę się czy przygarbię
Pewnie schowam się w teatrze za kurtyną
Przeczekam aż złe czasy miną.

I znowu cisza jestem na dróg rozstaju
Nie witają mnie nie podziwiają
Liczyłem na wielką fiestę
A tak naprawdę kim to ja teraz jestem.

Ziarenkiem maleńkiej czarnej ziemi
Pójdę rankiem noc idzie zrobi się ciemno
Pocieszam swoją duszę niezdarną
I gładzę włosy na zmęczonym mózgu
I rózgą w ramach pokuty się ćwiczę
Pójdę dalej na lepsze czasy liczę.

Istota istnienia humana

Zostaliśmy stworzeni nie po to
By jadło w żołądkach trawić
I łamać przykazania
Kradzionym kęsem udławić.

Nie po to by klaskać diabłu
Nie tylko do samej roboty
Cóż życie to niewiadoma
I stwarza często kłopoty.

Odrabiamy więc co dzień lekcje
I żyjmy zgodnie w naturze
A kiedy odpoczywamy
Na tyłku a brzuszkiem w górze.

Dyrygent orkiestry ostatniej

Zespół grany orkiestry przyziemnej
Wydającej krzykliwe i żałosne dźwięki
Jak wrzask obdzieranej z piór kury
Wynaturzenia i głośne tortury.

A dziwi się temu same niebo
Takie kpiny robić pogrzebu
I to przez słabeuszy ziemskich graczy
Nalegam błagam was proszę
Przestańcie grać!
Stop!
Litości wystarczy!

Nie usłuchali i dalej buczą karły
A dyrygent wachluje z gestem
Leżąc w trumnie się obudził umarły
Wkurzył się wyskoczył i krzyknął
Cholera na swoim pogrzebie jestem!

On umarł i znalazł się w czasie przeszłym
Ale nie zamawiał orkiestry
W czarnych koszulach i czerwonych krawatach
I za dobroć taka zapłata.

Rozkazuję przestańcie grać!
A trąby grzmią i jeszcze głośniej jęczą
Świec zapalonych śmierdzącym gazem

Wtedy trzasnął dyrygenta lichtarzem
Kościelny dał długiego susa do zakrystii
A pastor się schował za ołtarzem.

Na chwilę orkiestra zamilkła
I umarły skorzystał ze sposobu
Co ma z żalu umrzeć ponownie
Pobiegł biegiem na cmentarz do grobu.

Tu ma spokój i muzyki już nie słyszy
W dali tylko ciche łkanie świerszcza
Woli to niż jazgot trzaski i niepokój
I przynajmniej od teraz ma wieczny spokój.

Serce

Serce niezastąpiony motorek
Posiada zbiorniczki i korek
Ma własną twarz i minę
Pracuje nadgodziny
I własną osobowość
A także anonimowość.

Z sercem to proszę ostrożnie
Fachowo dyskretnie z kulturą
Bo serce jest bezcenne
Dane nam zgodnie z naturą.

Po jednym sercu na głowę
Chrześcijanin czy innowierca
I matka co bardzo troskliwie
Przytula bobasa do serca.

A serce czy zdrowe czy chore

I puka nie lada to sztuka
Więc gdy dbasz o własne serce
Nie pozostawaj w rozterce.

Wolność

Być wolnym to złudzenie
Nie może to być prawdą
A co się wolnością nazywa
To jakby się czas dało zatrzymać
I miało go nie ubywać.

Być wolnym to istnieć w przestrzeni
Nie grzeszyć śmiać się i skakać
Powietrznym nieskalanym oddychać
I nigdy nie starzeć nie płakać.

A czym jest wolność ziemska
Być może dążeniem do zwycięstwa
Stworzona przez ludzkie programy
My sami nie wiemy w co gramy.

Przez nas nakręcone wolności
I próby sztucznej radości
Stworzony porządek światowy
Z wolnością się mija na co dzień
Jak mylny typowy dobrodziej.

Sojusznicy

Sprawy duże i malutkie
Wpisane w krąg naszych zamierzeń
Policzonych i nagromadzonych w księgach
Jak rytmicznych serca uderzeń.

Niczym pionki na zwykłej szachownicy
Wyrzucane z pól bitew wiwatem
Nieprzewidzianych zdarzeń i skutków
Kończących się często dramatem.

Sojusznicy się nagle rozbiegli
Ino odgłosy granych nut trąb zostały
Został sam jeden na zeschłej ziemi
Nieporadny skruszony i mały.

W rozrzuconych połamanych gałęziach
Wśród płomiennych kwiatów i wrzosów
Na maleńkie się cząstki rozpadły
Echa wołań krykliwego odgłosu.

Grażynka w balecie

Nie wykręcisz nie wychodzisz
Do tańca się trzeba urodzić
I posiąść pewne talenty
A tu się puenta wyłania
Nic do dodania czy do ujęcia
Wspólne spotkania wspomnienia zdjęcia.

A wspomina się tak mile
Wczoraj w Lawrenceville
Odbył się konkurs taneczny
Niezapomniany bajeczny.

Zgadnijcie kto zdobył miejsce pierwsze
Wie każdy tu nie ma przegięcia
To nasza kochana Grażynka
Ta blondyneczka ze zdjęcia.

To jak poezja nie mija
Jak ta dziewczyna wywija
Wyczynia tak sprytne pląsy
Podrywa facetom wąsy
Niespotykane balety
W tańcu jest pierwsza z rakiety.

Nasza blondyneczko Grażynko
Uśmiechasz się marzycielsko
Dla ciebie te brawa oklaski
Z serca prawdziwie bez łaski.

Masz talent i moce ochoty
Napędzasz Krzysiowi obroty
Ma tańczyć i na nic grymaski
Drży parkiet trzaskają obcaski.

I walec oberek i zumba
Aż zdjęciem ruszyło Kolumba
Że omal nie wypadł z ramy
Tak się bawią polskie damy.

Żarówki dziś jaśniej świecą
A knoty we świecach skwierczą
Jesteśmy z Tobą Grażynko
Dziewczyno o gorącym sercu.

Dla Joanny

Dziś czternasty listopada
Wietrzyk wieje deszcz nie pada
Faktem jest tak oczywistym
Dzień jest bardzo uroczystym.

I myślenie pozytywne
I spojrzenie obiektywne
U nas dzisiaj radość duża
Urodziny są Asieńki
Wyrosła jak smukła róża.

Uśmiechają się i chmurki
Specjalnie dla Naszej Córki
Asiu to specjalne Twoje Święto
Bądź więc zawsze uśmiechniętą.

Myślami jesteśmy z Tobą
Kochaną Najdroższą Osobą.

My życzymy Ci Joanno
Dużo zdrowia z tą piosenką
Sto lat dwieście milion i dwa
Niech Ci Bozia szczęście da.

Głos wewnętrzny

Moim głosem wewnętrznym jestem ja
Sam ze sobą się spieram doprawdy
Każdym ruchem to potwierdzając
W poszukiwaniu czasowej prawdy.

Głos wewnętrzny rozkazem jest dla mnie
Spowiednikiem i sędzią zarazem
Wiele razy przepytywany
Wyrocznią i duszy wymazem.

Coś jest we mnie co boję się stracić
Za coś takiego bym musiał zapłacić

Po trochu wszystkiego

I westchnień niezliczonych wydać
W nadziei że musi to się przydać.

Z rytmem serca podniesionym czołem
Pielęgnując myśli w tak wyjaśnień
Niezliczonych dobrodziejstw otrzymanych z losem
Iść przez życie z głosem wewnętrznym własnym.

Noc nadeszła

Noc nadeszła głucha bezimienna
Nadęta i czarna jak smoła
Czar dnia minionego umknął
Zrobiło się cicho i smutno.

A w oknach rozbłysły światła
Ulice takie puste i milczące
I na spoczynek starym zwyczajem
Oddaliło się zmęczone słońce.

Czy uda się zapisać porę nocy
Zrozumieć co w snach nadeszło
Czas biegnie jak kamień wyrzucony z procy
To jakby się po kościach rozeszło.

A my mieszkańcy tego globu
Szukamy coś nowego i sposobu
Z uśmiechem na licach szerokich
Ze zdziwieniem spoglądając na obłoki.

Pal to licho

Pal to licho tak już musi być
Trzeba tułać się i iść do przodu

Szukać szczęścia przyjaciół przyjaźni
Wierzyć z Boga i ludzi
Nowe siły do działań rozbudzić.

To nic że moc problemów jest na koncie
Są zmartwienia choroby być może
Zawsze znajdzie się z tego wyjście
Ktoś prawdziwie pocieszy pomoże.

Udawanie że jest fajnie to ściema
Idealnych wartości w naszym życiu nie ma
Zwykłe chwile a później dni tygodnia
Nie zajarzy płomień świecy bez ognia.

Czysta bystra woda

Woda niezbędna do życia
Czysta przezroczysta świeża
Spoglądając w lustrzane jej odbicie
Dosłownie nieraz nie dowierzam.

Wodo śpiewająca pluszcząco świergotna
Czasem grymaśna zmęczona sroga
I nieśmiertelna uczona bezsenna
Bo przybyłaś do nas od Boga.

Pośród gęstwiny i sitowi rzecznych
Nurtów szemrzących i zboczy niebezpiecznych
Z nieodpartą chęcią i ogromną siłą
Tworzysz piękno wielkie toczysz fale
Niepoliczone zwinne doskonałe.

Wodo odporna na wiatr i przeciągi
Zapełniasz zbiorniki oraz wodociągi

Jesteś naszą dobrodziejką życiodajną płynną
Z całym szacunkiem dobrą i rodzinną.

Na odwrót

Pozszywać co zostało popsute
Uciszyć lamenty żałosne
Nie burzyć tego co zbudowaliśmy
Nie jest wcale tak łatwe i proste.

I myli się setki uczonych
Profesorów nagrodzonych Noblem
To co wynaleźli i odkryli
Nie jest wcale pożyteczne i dobre.

Zrozumiało to może i niewielu
Użyto ich do zupełnie innych celów
Zagłady i zniszczenia istot żywych
Osiągnięć ludzkich prawdziwych.

Burzyć niszczyć i budować od nowa
Bez nadziei że może to coś zmieni
Czynimy poniekąd dla zagłady
Naszej pięknej życiodajnej matki ziemi

Na co czekają ludzie

Na co czekają ludzie?
Że wszystko tak dobrze pójdzie
Co jest ciekawą rzeczą
Psioczą i przeciwko sobie przeczą
Tylko po co i na co?

Patrząc w górę składają ręce do niebios

Stanisław Pysek Prusiński

Przez nieprzezroczyste maski żądają łaski
Upominają się o czyste powietrze
Choć sami je trują
Ciągle budują nowe rozbierają stare
Niszczą naprawiają i reperują.

Ciągłe pretensje o pensje
Śmieją się z tego czego nie rozumieją
Co dalej i co teraz
Bezwartościowa polityka
Że nieraz aż zatyka
Pranie codziennie mózgów
Czyli maszynowy bajer
Nabiera się na to frajer.

A co jest na stronie tamtej

Powietrze czyste jedzenie bezpłatne
Kościoły cały dzień otwarte
Kolorowe kwiaty ostre żyletki
Samochody na paliwa niepodrabiane
Można się tam napić świeżego piwa
Skosztować wódki nad ranem.

Czy dzień tam jest długi czy krótki?
Ja tego sobie wyobrazić nie potrafię
Twierdzę tak chociaż nie byłem tam
Tak po prostu to wyczucie mam.

Jak wygląda na przykład tam uczucie?
I miłość prawdziwa bez użycia ciała
Czy głowa też będzie bolała?
Czy rozwidni się i czy się ściemni?

Po trochu wszystkiego

A co dalej jak dotrę tam psia mać
Myślę że nie będę się już musiał bać
W dzień czy w nocy
Tam nie ma miejsca na działanie złych mocy.

Czy będę na balu z duchami obcował
A może pokątnie anielice całował
A gorzej jak trafię do piekła
Gdzie węgle gorące poparzę się nagle.

A bar jest zamknięty a w gardle tak suszy
Czy ktoś mnie ochrzani wyciąga za uszy
A co tam im po nas zmęczonych wędrówką
Tych karków zginanych codzienną harówką.

Tych twarzy chłostanych wiatrem zmytych deszczem
Baczność spocznij zamelduj się
Przepraszam ja umarłem
Nie jestem.

A tam

Ziemia i czas jej przeminie niebo zostaje
Prawdą jest to a nam się wydaje
Inaczej my tacy wybrani niewinni
Przemijanie dotyczy naszych wyobraźni
Jesteśmy wciąż tacy dziecinni.

Noce za nami poranki południa
Tak działa czasowa studnia
Odbiera w lustrze bruzdy na twarzy
Jeszcze wczoraj młodzi
Dzisiaj zniedołężniali i starzy.

A tam co my mamy świetliste zjawy
Rycerze na pokaz znikające zuchy
Listy z życzeniami z ziemi i wieczne światło
Czy tam jest tak łatwo?

Pijaństwo

Pijaństwo to nabyta choroba
Tak niestety bardzo już stara
Zaczyna się od browara
 Coś co kusi mocno zwodzi
 Nabywają ją w różnym wieku
Ludzie starzy i młodzi.

Pijaństwo kończy się typową poniewierką
Na ławce parkowej ulicznym skwerku
Dopada na odludziu w opuszczonej szopie
W porę nie uleczona jedną mierzoną miarką
Umierać na to nie warto.

Pijak to z zawodu ćwiczący od młodu
Pali gumę nie żuje za swoje nie kupuje
Oszczędza nie swoje pieniądze jeszcze
Nie zważa na słotę i deszcze.

Zazwyczaj wesoły i fajny
Pracuje wolne soboty i niedziele
Pijaństwo to pielgrzymka do ziemi ściętej lodem
Na chodniku pod gołym niebem.

Wędrówka za płynem że czasami nogi bolą
Nie objęta kontrolą
Nie straszne pijakom są słoty i deszcze
Chce się ciągle pić jeszcze i jeszcze.

Nie do wiary

Nie do wiary ciągle praca
Odpoczynek gdzie na dole
Rwetes w biurze i fabryce
Na polu i trwa w mozole.

Tak po cząstce do gromadki
Żeby dobrze się usadzić
Jak to trzeba się nadeptać
Coś do końca doprowadzić.

Dniem i nocą krążą palce
Bale beton i podłogi
Czas napieprza zegar bije
Zapchane krzesła i drogi.

W takt muzyki w pędu mowie
Nie do tego pogotowie
Przyjechało do żywego
A powinno umarłego.

Skwery i ulice gwarne
I przybytki nuklearne
Myśli ktoś że wszystko zgarnie
Będzie istniał zawsze był
Kiedyś wstąpił do przybytku
Jeden przycisk trzask i pył.

Tutaj z nim to się nie pieprzy
O tak fruwa on w powietrzu
Nic już się nie może przydać
Bo po prostu nic nie widać.

Jak rozpoznać się po minie
Gdy zniknęła cała twarzy
Jak podrapać się po tyłku
Gdy urwało i nie parzy.

Skąd wziąć świnię z przejedzenia
Nie ma czasu na modlenia
Znikło całe przeznaczenie
I niepowtarzalne widmo
I ogona jedno skrzydło.

Fraszkowe tchórzostwo

Przypadkowo pochwycono osobnika
Siedzącego na wysokim murze
O sierści w kolorze brązowym miał oczy duże
Oskarżony o kradzież w sklepie odzieżowym
Niewinnie osadzony w więzieniu stanowym.

Osobnik aresztowany dostał cztery lata
Był bardzo biedny nie miał adwokata
A według tego sądu to przestępstwo duże
Nie przyznał się nigdy do winy
Bo był zwykłym tchórzem.

Na tym się nie kończy stąd tyle obciachu
Gość przyparty do muru popuścił ze strachu
Ogromny swąd się rozszedł po więziennej sali
On popuścił ponad normę i wszyscy umarli.

Natura

Natura wszechwładna boża

Po trochu wszystkiego

Śladami znaczona przez życie
Jak poranna wlatująca zorza
Na gwieździstym niebie odkrycie.

Góry kamienne wyrzeźbione we wzorce
Stogi siana i pszenica dojrzała
Zwierciadlane odbicia wód
Koniczyna na łączce wybujała.

Odczuć to piękno i uwielbić
Drgnieniem serca a może zachwytem
Wzrokiem w przestworza i znaku krzyży
Do ziemi blask natury zbliżyć.

Marzeń duszy źródła trysnął w zachwycie
Z trwożną nadzieją i tęsknotą na lepsze jutro
Z dali kołataniem bębna odgłosy doniosłe
Zwyczajne niepowtarzalne i proste.

Śledzony przez czas

Każdy z nas posiada sędzię
Tak jest i tak dalej będzie
Nawet ważniak nie zdobędzie
Takiej cechy co ma czas.

Ty i ja i każdy z nas
Jest śledzony przez ten sam czas
Ba używa ile da się
W jednym i tym samym czasie.

Czasu nie widać nie słychać
Czasem nie da się oddychać
Czas ma wady i wydarzenia

I jest przyczyną starzenia.

Czas nas trzyma mocno w szachu
Dotyczy wszystkiego o dziwo
Starzejemy się na prawdziwo
Bo nie mamy na to wpływu.

Duchowy przyjaciel

Kto jest tą siłą co mną kieruje
To jest na pewno i niezły zuch
Otworzę oczy i już go czuję
I od tej pory jest nas dwóch.

Mój duch rozpala wyobraźnię
Wiarę i miłość we mnie łoży
I podtrzymuje moje istnienie
Jest tak radosny zawsze dobry.

Przez cały dzień a nawet w nocy
Duch nie pozwala mi się smucić
Chociażbym nieraz i pobłądził
Pomaga na normalność wrócić.

Życie jest piękne z nastałym porankiem
Choć z różnych przyczyn nie doceniane
Krew w żyłach krąży i serce bije
Zboże dojrzewa dorodne chciane.

Znaczenie przyszłości dla nas

Cóż znaczyć będzie dla nas świat
Za pięćset może tysiąc lat
Gdy minie nam powszedniość święta

Po trochu wszystkiego

Nikt naszych imion nie spamięta.

Czego spodziewać się od zaraz
Na cóż starania i ambaras
Zabiegi o zamożną przyszłość
Gdy już w oddechu czai się nicość.

Zahamowane płucne miechy
Na stopie jesteś choć gaz do dechy
Zanikła sława duma piękno
Nigdy wieczności bramy nie pękną.

Na metrze ziemi ten dobrobyt
Nieczuły zimny nierozumny
Nie zdając sprawy co się dzieje
Ktoś ukradł gwoździe z twojej trumny.

Mój czytelniku

Mój czytelniku lubisz dużo pytać
O pewne sprawy niekiedy niejasne
Co może boleć wbrew autora woli
Czasami jakieś słowo w oko koli.

Może się i wydawać że pisać jest prosto
Szarżować dumą czy satyrą prostą
Biadolić stękać czy płaczem wybuchnąć
Lub pewne sprawy po prostu zdmuchnąć.

Domyśleń wiele w myśl pewnej zasady
Jakie znaczenie odgrywają *Dziady*
Czy *Pan Tadeusz* według Mickiewicza
Historia przetrwa wszystko rozlicza.

Stanisław Pysek Prusiński

Pomyśl czasami leżąc na kanapie
O biednym starcu stojącym przy skwerze
Co stracił syna na wojnie dalekiej
Żebrzącego i bez żadnej opieki.

O co zapytać biedaka mrużącego oczy
W jasnych promieniach wschodzącego słońca
Być może nie odpowie na trudne pytanie
Nie będzie w stanie.

O emerycie

Życie to jest życie uwaga emerycie
Nie szarżuj siłą nie jesteś w rozkwicie
Popatrz kolego było twarde teraz miękkie
Czasami się kaszle i stęknie
Nie zawsze będzie jak było pięknie.

Pilnuj się stosuj spacery
Udzielaj się więcej społecznie
Nie będziesz żył wiecznie
Graj wiele więcej o jedną nutę
Zestarzałeś się za pokutę.

Ze słoniem przegrasz lwa nie pogryziesz
Zamiast się bać lepiej iść spać
Za późno dawać za późno brać
Psia go mać.

Czerń nocna

Wpatrzeni w nocną dziwną ciemność
Siedząc na schodach betonowych
Pozbywamy się ciężaru dziennego

Po trochu wszystkiego

Zdarzeń i przeżyć kolorowych.

Ciemność kojarzona z wrogą siłą
Pomruki złowrogiego dźwięku
Rozwarte mordy smocze
Pełzające pająki w złe noce.

Co sprawia że noc jest czarna
I nieprzyjemna że aż lęk bierze
Niewyraźne odgłosy w oddali
I królujące nietoperze.

Gdy wyfruną promienie z księżyca
I blask jasny ziemię ogarnie
Moce złe się oddalą donikąd
Ciężar ogromny z serc opadnie.

Oddaj pokłon rozjaśnionej nocy
Opuść betonowe schody
Marzenia schowaj pod poduszką
A we śnie porozmawiaj z dobrą wróżką.

Prawda o poezji mojej

Zawarte prawdy w poezji mojej
Odbicia ich szerokim echem
Potraktowane pobłażliwie
Z ironią rechotliwym śmiechem.

Krytycznych uwag które mamią
W moim umyśle nie zaciążą
Jak zapomnianych pewnych zdarzeń
I słowa prawdziwe które nie kłamią.

Kłaniam się nisko tym co przede mną
Tworzących dzieł niemałe księgi
W burzliwych czasach w których żyli
Smaganych wiatrem i mitręgi.

Poznając uczucie tkliwości
I nie żądając wzajemności
A ogrom buntu który targa
W imię prawdziwej sprawiedliwości.

Wyjść z tłumów cieni to jest sztuką
Ukazać to co w sercu boli
Przy tym podpierać się nauką
Za ciosem prawdy iść
Co najważniejsze wyzwolić.

Wybrańcy popaprańcy

To wy co teraz nastaliście
Pseudokibice fanatycy
Wy co ponad wszystko się stawiacie
Nieznani prapra-mityści.

Przez naród za kiełbasę wybrani
Tworzycie pseudo-demokrację
I coś nowego na wzór błazeński
Żywego ognia imitację.

Depczecie i to co było normalne
W imię sukcesu i korzyści
Wszystkiemu teraz zaprzeczacie
Winni poprzedni urbaniści.

Żal serce ściska łza się w oku kręci

Po trochu wszystkiego

Miewacie widzenia i zaniki pamięci
Kombinujecie co tu jeszcze spieprzyć
Kogo poniżyć i ograbić
Utopić do więzienia wsadzić.

Rażących ustaw wielka litania
Kraj pogrążony prawie że do dna
Niedługo połknie własne prosię
Ta sama świnia ciągle głodna.

Nieudana akcja Belzebuba

Wystawiony na wielką próbę
Stary osioł dnia pewnego
Wysłany na wakacje z Belzebubem
Na własną zgubę.

Szatanowi wszystko wolno
Zrobić głupka to wiadomo
Postanowił osła wrobić
Uknuł spisek po kryjomu.

Spirytusem uraczył osła
Z nadzieją jak ten się upije
I legnie zmęczony w barłogu
A on mu duszę zwinie.

Wstał rano osioł bardzo go suszy
Bez pieniędzy dowodu i duszy
Patrzy w górę i wzdycha   o Boże
Może woda święcona pomoże.

Do kościoła jest bardzo daleko
Od mleka nie puści susza

Osioł chociaż jest leniwy
Choć stęka ale się wolno porusza.

Przybytek kościelny zawarty
A osioł wiadomo uparty
Wypchnął drzwi wtargnął do środka
I pomyśleć kogo tam spotkał.

Przy stole ze święconą wodą
Ujrzał czarta z krzaczastą brodą
Osioł próbuje się napić
Diabeł każe za wodę płacić.

Bo teraz to takie czasy
Nic niestety nie załatwisz bez kasy
A osła potwornie suszy
Aż na głowie uwiędły mu uszy.

Obok miski leżało kropidło
Osioł ten cierpliwość stracił
Stuknął czarta kropidłem w głowę
A było to kropidło metalowe.

Czart na łapy się przewalił i się spalił
I sprawa od teraz wprzód poszła
To czart został zrobiony w osła
I wiadomość się o tym rozniosła.

Adresat nieznany

Pomyślałem wyślę list
Do kogoś kogo nie znam
Ale kiedyś poznać muszę
Używając słów miłych i złotych

Po trochu wszystkiego

Swojej własnej misternej roboty.

Wymyślone nazwisko i imię
Miejscowość i ulica zmyślona
I trafiłem na tysiąc procent
Odpisała mi ona szalona.

Teraz trochę to głupio się czuję
Czytam list od niej cytuję
    Jestem trochę pańskim listem wstrząśnięta
    Obecnie to bardzo zajęta
    Odwiedzę pana może po świętach.

    Znajdę pana chociaż nie mam adresu
    Ani mapy ani dżipiesu
    Może się i na mnie nie pogniewasz
    Przyjdę w tym momencie
Gdy się nie spodziewasz.

    Uprzejma ambitna nieuchwytna
    Duchowa piękna aksamitna
    Rankiem może jeszcze z rosą
    I z dobrze wyostrzoną kosą.

Napisałem list drugi
Obszerniejszy i nowy
    Poczekaj miła nie przyjeżdżaj
    Nie jestem jeszcze gotowy.

To co przedtem myślałem i napisałem
To na niby
Lepiej wybierz się na urlop
Na grzyby.

Stanisław Pysek Prusiński

Atrakcyjny koń wyścigowy

Atrakcyjny koń nie przesiaduje w loży
Nie bryka beztrosko po pastwisku
Nie żyje z tego co włożą do żłobu
Nie da się prać po pysku.

Atrakcyjny koń przez całe życie się ściga
Zdobywa medale i miejsca pierwsze
Tęskni myśli i przyszłość planuje
Oddycha i porżywa wierszem.

Taki koń się nigdy nie upodli
Tak samo jak wszyscy się modli
I cieszy się jak siodło na grzbiet mu kładą
I dziewczyny okrakiem na nim jadą.

Gonitwa i galop go podnieca
Nie skamle nie narzeka o nic nie pyta
Tylko problem ma taki jak my wszyscy
 Niestety on też kiedyś wyciągnie kopyta.

Rady

Nie tańcz walca gdy grają oberka
Na brzydkie malowidła nie zerkaj
Unikaj wody głębokiej w wannie
I nie myśl gdyś żonaty o pannie.

Nie szarżuj na wrotkach na ulicy
Udzielaj się społecznie lecz rozumnie
Nie rzucaj gwoździ na ulicę
Bo wcześniej czy później złapiesz gumę.

Po trochu wszystkiego

Nakazów jest tak wiele i zakazów
Powtarzalnych tak często i bez przerwy
Można nawet osiwieć przedwcześnie
Rozchorować się i stracić nerwy.

Tylko wtedy poczujesz się lepszy
Jak zrozumiesz i jesteś pewny swoich racji
 Gdy masz dość i odrzekniesz
 Niech się pani czy pan odpieprzy
Życzę miłego spędzenia wakacji.

Z sensem

Z sensem pisz mi dzisiaj powiedziano
O jedenastej pięćdziesiąt w południe nie rano
Nie rób z siebie przysłowiowego głąba
Zegar dzwoni jakby drzewo rąbał.

  O małe sprawy nie obrażaj się i nie spieraj
  Słowa staranniej dobieraj
  Pisz o miłości a nie o romansie z szympansem
  Stosuj się do pewnych zasad
  Nie bądź głupi masz szansę.

  Gdy już czytasz nie zanudzaj gości
  Po co wzbudzać tremę i fazy litości
  Uraczyć kogoś tak głupią fraszką
  To tak samo jakby walczyć ze sraczką.

  Nie słuchaj się pospolitej gawiedzi
  Kogut długo na jajach nie posiedzi
  Bo gniazdo wydaje się za ciasne
  Woli jaja osobiste własne.

Czy zatem o sensowność mieć pretensje
Za coś niezasłużonego dostać wielką forsę
Dzielić sprawy na głupie i mądre
I życie na lepsze i na gorsze.

I czegoś co nieprawdziwe dowodzić
Trzeba zatem w pogoni za światem
Kilkakrotnie i w różnych epokach
Wiele razy po prostu się urodzić.

Manipulacje

Zmanipulowano zasady i pomysły
Rozjechano demokratyczne poglądy
Mity i radość o szczęściu prysły
Zmieniły się wymogi i sądy.

Przekombinowane synowe przez teściowe
Jednakowe płcie się teraz liżą
Wyż demograficzny zmalał
Świat zamiast zmądrzeć oszalał.

Idea posiadania czegoś wzrasta
Można nie przetrwać i basta
Czy wypada mieć dużo czy mało
Pomyśl czasem zakuta pało.

Dużo posiadać jest rzeczą nieładną
Do domu wpadną pobiją i okradną
Gdy masz niewiele a podpadniesz to hożo
Na wokandzie sądowej ci dołożą.

Nie lękaj się

Nie lękaj się tego co nadejdzie
To coś co nowy rozdział otwiera
A wszystko co do tej pory doznałeś
Tak i ostatecznie zabiera.

To coś niewidoczne się czai
Lęk dziwny wszystkiemu odwrotność
O ducha żywego się wadzi
A na imię ma bezpowrotność.

Zapraszamy przez dziwne jasne światło
Próbujesz się podźwignąć na boku
I zajrzeć do kalendarza
Choć ciemność nastawa w półmroku.

Tak ciężko opuszczać padół ziemski
Myśl o tym czy tam na mnie czekają
I ostatnie błagalne spojrzenia
I siły go opuszczają.

Nie martw się to coś jest w życiu
Wpisane może nastąpić za chwilę
Widzę obraz świętego na ścianie
I kwiatów uschnięte motyle.

Ten ktoś to duch nieobliczalny
Zaborczy w grymaśnym akcie
On zamknie twoje oczęta figlarne
I koniec być może na zawsze.

Chcę makaronu

Chcę spożywać makaron
Z mlekiem od krowy
Nie ze sztucznego tworzywa
Czuję się że od tego jedzenia stygnę
Niedługo własnego tyłka nie podźwignę.

Hej wy tam od produkcji żywności
Od wystawnych witryn i propagandy
Nie używajcie koślawych reklam
Popierając przekłamane grandy.

Płacę i wymagam i protestuję
W żywności naszej występuje
Taka chemia że aż włosy nie chcą odrastać
A w oczach to w dzień się przyciemnia
A pierwiastki jadu wydzielają tyle
Że w powietrzu umierają motyle.

Zgrabnej Joasi Zosi Kasi czy Teresce
I na duchu podnosi makaronik mleczny
Że śmiać i żartować się chce.

Dodam jeszcze raz nie nadużywajcie chemii
Za dużo proszku nie sypcie w mleko z ranem
Bo zakupy u was robić przestanę
Nie zapominajcie że klient jest waszym panem.

Familią byli

Familią byli i znaną rodziną
Wspólne wieczory i wino
Ale do czasu bo kiedy urośli

Po trochu wszystkiego

Wtedy na swój garnuszek poszli.

Pożegnali rodzinnego gniazda atrapę
Kupili nowe krzesła stół i kanapę
Konia maszynę i sprzęty domowe
Prosiaka kota psa i kapelusze na głowę.

Biedy w mieście nie ma tylko szum
Zgiełk na ruchliwych ulicach
Sprzątanie i nowości w kamienicach
Sute zagrychy wódki napoje
Ale gdy zajrzysz do ksiąg rachunkowych
Kupują wszystko lecz nie za swoje.

Kart kredytowych wiele jak wina strugi
W pobliskim banku i u sąsiadów długi
Po grosiku dług większy urasta
Bo kto świruje i kasą szasta
Nie kochają go ludziska z miasta.

Komornik wyprosił państwo z kamienicy
Zostali tak po prostu na ulicy
Na darmochę już liczyć nie da rady
Pozrywane kredytowe układy.

Wściekła ona i on i teść
Dzieci płaczą chcą pić i jeść
Stan jest taki i przyznasz mi rację
Dlatego wybierają emigrację.

Ale stanu tego nic nie zmieni
Nie pomagają częste przesiedlenia
Zostało jedynie się powściekać
I na Boga jak zwykle ponarzekać

I zasnąć w przytułku na brudnej kołdrze
Pan Bóg chciał inaczej
Ty sam wybrałeś dla siebie dobrze.

Popychali

Popychali dali radę jest na chodzie
Coś takiego uczynili o narodzie
I to jeszcze na kolanach i na bosych piętach
Czas pamiętliwy on to wam zapamięta.

Już po fakcie i po wszystkim wieść poszła
Popychali zamiast konia to osła
A ten zamiast podziękować i się wywdzięczyć
Każe im przepraszać i na kolanach klęczeć.

Teraz oni żałują tego i psioczą w czarne noce
Wielkie łzy im płyną po twarzowych bruzdach
Śmiać się nie wolno teraz bo zakazane
I kiełzna metalowe mają w uzdach.

Co niektórzy śmieją się kaszlem suchym
I dalej go popierają są za zuchem
Osioł nigdy nie pojmie co jest grane
Ze względu na półkule zapaćkane
I nigdy nie przyzna się do błędu
Choćby i źle zrobił dziesięć razy z rzędu.

Coś z niczego

Zrobić coś z niczego jest sztuką
A z czegoś zdziałać nic czy to samo
Usunąć przecieki na zaporze wodnej
Choć rzeki nie ma ale cóż tak wygodniej.

Po trochu wszystkiego

Na pustyni czy przydadzą się wiosła
Zrobić ze świni choćby i prostego osła
Chodzić w jednym trochę ciasnym bucie
Zagrać utwór na jednej nucie.

Garbatego wyprostować kijem
Pocałować się ze świńskim ryjem
Nie ukrywać się w wojnę w lesie co niczyje
Kula w końcu cię dopadnie i zabije.

Coś z niczego zrobić by nie stracić
Mieć na własność i za to nie zapłacić
To niestety nie każdemu się powiedzie
Bez paliwa to samochód nie pojedzie.

Patrzę i dziwię się

Spoglądam na wazon brązowy
Z dużym dorodnym kwiatem
I nie mogę się nadziwić tak rzeczywiście
Dlaczego kwiat jest taki piękny
Ma szerokie niespotykane liście.

Zastanawiam się ile farby
I kunsztu artysta ma zastosować
Aby liście w takie wzory pomalować
Któż by tego nie podjął któż by to mógł
Mniemam że to jedynie potrafi Bóg.

Jak wgryźć się w sedno tematu
Rozwiązać zagadnienia z bycia kwiatem
To wszystko to nie mieści się w mojej głowie
Kto namalował kwiat w tym wazonie

Czy się dowiem?

Patrząc na wystające czerwone cudeńka
I pąki w kształcie liści
Może kiedyś poznam w końcu istotę dzieła
A nazwisko malarza się we śnie przyśni.

Poszarpany

Poszarpane stargane nerwy
Niczym wierzby rosochate krzywe
Zmęczone rozkojarzone wiązki
Przechodzące cierpienia dokuczliwe.

We wnętrzu ból wojna i niepokoje
Coś się dzieje lecz nie wiem
Czego tak naprawdę się boję?
Coś mnie nurtuje i niemiłosiernie suszy
Krzywię się aż bieleją moje uszy.

Jak zagrabić to cierniowe rżysko
I usunąć kolące brzemię
Zastosować właściwą medycynę
Lub po prostu zapaść się pod ziemię.

Jak to zrobić któż doradzi w tym temacie
Tak być musi to choroba siostro i bracie
Czas przebiegnie i wszystko się wyjaśni
Póki co nie przejmuj się zaśnij.

Szorstki czas

Z czasem to wszyscy znamy się na co dzień
Nie zdając sobie sprawy że to nasz dobrodziej

Po trochu wszystkiego

Rankiem latem i w mroźne zimy
Choć nie znamy czasu jego trwania i przyczyny.

Czas przemija i wydaje się tak prosty
Chociaż bywa czasami taki szorstki
I spokojny że przyłóż go do rany
Nadejdzie niespodziewany i niechciany.

Czas wyciska na twarzach bóle i rumieńce
Lubi kwiaty wplecione we wieńce
Pozostawia to wszystko w roli zdarzeń
Jest przyjacielem nadziei i zwykłych marzeń.

Czas dziecięcy młodzieżowy i dorosły
Niezależny niezawisły rodzony jak brat
I pomyśleć jak kiedyś przeminie
Jak będzie wyglądał przyszły świat.

Drogi do sukcesu

Żeby słyszeć uszy nadstaw
Chcąc zabłysnąć stosuj modę
By nie nabić z tyłu guza
Proszę maszerować przodem.

A wiadomo kasa zniknęła
Chcesz załatwić dasz pół litra
I nie musisz z tego pić
By pracować za coś żyć.

Czas upływa wszystko w formie
Przyglądałeś się reformie
Więc nabyłeś w sklepie grabie
Żeby pomóc starej babie.

Starą babę rdza przeżarła
Żachnęła się i umarła
I zostałeś spadkobiercą
W portfelu zielone ci skwierczą.

Już nie jeździsz pekaesem
Tylko furą jak się patrzy
I używasz dżipiesu
Żądny władzy i sukcesu.

Dla Dariusza z okazji urodzin

Szczęścia zdrowia pomyślności
Powodzenia i miłości
Marzeń i podskoków świtem
Byś żył zgodnie z dobrobytem.

Wiatru w płucach i nadziei
Z dala od trosk i zawiei
Latem słońca z deszczem tęczy
Niech czas mija ci z szelestem
Byś się budząc wczesnym rankiem
Radośnie dzień witał   jestem.

Czas się zatrzymał

Nikt by na pewno i nie wytrzymał
Żeby czas się nagle zatrzymał
I nie posuwał do przodu i do tyłu
Jakby to w końcu się skończyło.

Ziemia się nagle przestała by obracać
Cóż wtedy robić iść dalej czy wracać

Po trochu wszystkiego

Wiatr stanął dęba a z nim motyle
Krople deszczowe zawisły w górze
Znikły nadzieje i dźwięków basy
Runęło wszystko nastały wczasy.

Banki są pełne nikt nie chce kasy
Chodzisz na okrągło do tej samej klasy
O tym samym czasie plotkują kobiety
I zatrzymało w powietrzu rakiety.

Nie wiesz co mokre suche czy biedne
Nie ma zapasów koszule jedne
Cienki już nigdy nie będzie gruby
Bez przerwy trwają pogrzeby chrzty i śluby.

Co będzie dalej kto to spamięta
Być może ten ktoś się opamięta
I zdejmie stan ten i szybko przepchnie
Ziemia radośnie znowu odetchnie.

A śniła o tym drobniutka Renia
Pod skrzydłami pana lejenia
A to jest trochę z bajki i ściemy
Co będzie dalej nie wiemy.

A niby dlaczego

Co zawiera jajo kurze
Małe średnie może duże
Przydadzą się dwa żółtka w środku
Ale nigdy nie dwa białka
To jest dotąd nie odkryta
Tajemnica kurzego jajka.

W takim to kurczęcym jaju
Połączone żeńskie z męskim
Na świat przyjdzie kogut kurka
Związane węzłem małżeńskim.

I z reguły się nie różnią
Grzebienie mają typowe
To dlaczego w takim jaju
Mamy żółtko zapasowe?

Uczeni zachodzą w głowy
Dziwny przykład nietypowy
Skąd wziąć pomysł na dwa białka
Nie taka to prosta przepałka.

Zapytaliśmy koguta
Odkrył tajemnicę zaraz
Ten przypadek to się zdarzy
Gdy deptane są dwie kury
I to za dnia na tarasie
Dwie kurki przez tego samego koguta
I to w jednakowym czasie.

Komu Nobel za odkrycie
Tak się wszyscy domyślają
A to temu kto jest w stanie
Spłodzić trzyżółkowate jajo
I odważy się od zaraz
Podeptać aż cztery kury naraz.

Kaprysy natury

Zaszła myszka z kotkiem w ciążę
Dlaczego ten temat drążę

Po trochu wszystkiego

O czymś takim nikt nie słyszał
Co urodzi się kotek czy mysza?

Dlaczego to ma nie być kocina
On doprawdy jest tu ojcem
Ale myszka też jest matką
Nie pójdzie ta sprawa tak gładko.

A mezalians któż to zniesie
Szum się zrobił w całym lesie
Na kogo ciężar wychowania spadnie
Kto odgadnie?

Emeryci starsi i młodzieży
Na stole duża nagroda leży
A kto by pomyślał że to ściema
Urodziła się zwyczajna hiena.

Połknęła i myszę i kota
I to z rana bardzo wcześnie
Nie żałują bo było we śnie
I jak się później okazało
To w butelce nic nie zostało.

Zołza

Kto to jest zołza i jak się odmienia
To jest persona od biadolenia
Zdarza się młoda i w wieku starszym
Miele językiem na boki patrzy.

Zołza poradzi ze wściekłym kotem
Gadaniem ściga się z samolotem
Słowa darmowe długie i krótkie

Taka rozprawi się z krasnoludkiem.

Zołza na dole często na górze
Pracuje w biurze barze i w sklepie
Klient wypiwszy jeden kieliszek
Spojrzy na zołzę już go telepie.

Z zołzą się zetknąć chcesz to się z nią ożeń
W miesiąc miodowy uschnie ci korzeń
Stracisz apetyt chęci do s...
Od masowego dogadywania.

Zołzy nie uda się zawojować
Lepiej się poddać i wyprostować
Uciec do lasu w wodę rekiny
Dokończyć życie z każdej przyczyny.

W sądzie wynajmiesz do sprawy swojej
To wygrasz proces w cztery minuty
Zakraka sędzię prokuratora
Uciekną z sali zgubiwszy buty.

Zołza posiada również zalety
Ale to źle się nie kończy niestety
Używa młotka noża siekiery
Wtrącisz swe zdanie masz rany kłute
Pękła śledziona płuca wyplute.
Głowa upstrzona nadziana śrutem.

Nie żeń się z zołzą ostrzeż sąsiada
Bo życie z taką to już zagłada
Szkoda kuzyna ojca i brata
Niechaj nawija na końcu świata.

Sypnął śnieżek

Powiało chłodem i sypnął śnieżek
Zima do pracy się wartko bierze
A to już prawie połowa grudnia
Wieje z północy wschodu południa.

Białą pierzyną śniegowy puszek
Pokrywa dachy ulice steczki
Wysokie góry i zagajniki
Tworząc krajobraz super bajeczny.

Święty Mikołaj przelicza kasę
Musi wystarczyć na upominki
Do lasu wybrał się pan leśniczy
Żeby policzyć ścięte choinki.

Święta za pasem boczek się suszy
Bóg się narodzi Wigilia blisko
Więc nie napinaj gazowej linki
Bo możesz wjechać w leśne choinki.

Święty Mikołaj montuje stery
I w gotowości są renifery
Płozy u sani maluje farbą
Wkrótce się zjawi i co ciekawe
W tym dniu wspaniałym wszystko za darmo.

Wiewiórek siedem a Pysek jeden

To że nie każdego stać jest na słonia
Konia pieska czy nawet kota
Bo wiadomo to są koszty
I dodatkowa robota.

Stanisław Pysek Prusiński

Sekretarka to nie hrabia
Dużo kasy nie zarabia
Trochę więcej niż rencista
Osiemset lub tysiąc trzysta.

Ale o co tutaj chodzi
Będę strzelał prosto z górki
Na psa kota to mnie nie stać
Ale stać mnie na wiewiórki
A to wiewióreczki moje
I pochwalić się nie boję
A na przykład oto wykład.

On jeden a wiewiórek siedem
Ten on to jest pisarz Pysek
I rankiem dzierży półmisek
Chlebek sypie do karmnika
Zatrzaskuje drzwi i znika.

Ale frajda więc popatrzmy
Że aż w piersiach dech zapiera
Gdzieś z gałęzi hop wiewiórka
Za orzeszki się zabiera
Za nią sunie druga piąta siódma
I uczta trwa do południa.

W międzyczasie jakiś ptaszek
Uszczknie chleba małą skórkę
Wymachując skrzydełkami
Wyfruwa w daleką chmurkę.

Pysek bardzo lubi trzpiotki
I wiewiórkowe wybryki

Wiewióreczki kolorowe
Mądre bo są z Ameryki.

A na drzewie są igrzyska
Harce skoki zwinne pląsy
Jak orzeszki już się kończą
Wiewióreczki czynią dąsy.

Jest ich siedem Pysek jeden
Oczka mają rozbiegane
Tańce pląsy skoki modne
Pysek dba o te zwierzaczki
By nigdy nie były głodne.

Nie ma pieska i kotka
W ogródku wiewiórki spotkasz
Niech się dowie ten co nie wie
Na ogromnym listnym drzewie
Dzikie zwinne w ciągłym harcu
Wiosną latem zimą w marcu
Wszystkie siedem.

Co dzień w porze obiadowej
Z okna kuchni patrzy z bliska
Piękna rumiana Tereska
W towarzystwie męża Pyska
Ona i on to jak jeden
A wiewiórek mają siedem.

Zły wzorzec

Być wzorem na czas nieokreślony
Dla siebie i kogoś
Przysięgać modlić się i kłamać

Spowiadać się tylko dlatego
By się opłatkiem połamać.

Wykorzystywać stosowne chwile
Jako pospolity mól
Wynosić się ponad wszystko
Popatrzcie to ja jestem wasz król.

Nagle piorun trzasnął w rżysko
Wpadł prościuteńko pod strzechę
Ślady ognia chmury dymnej
Nie na wszystko pozytywne.

A przeprosić by się zdało
I pochylić głowę nisko
A posprzątać po piorunie
I nie czekać aż deszcz lunie.

Smutne chwile

Opuścił nas Pan Miecio w dzień zimowy śnieżny
Nasz wielki przyjaciel i marzyciel wierny
Bardzo ukochał życie zostawił rodzinę
I udał się w daleką niebieską krainę.

Jak trudne to jest rozstanie co smutek otwiera
Żal się miesza z goryczą i w serca uwiera
Tyle wspaniałych wspomnień pozostawił po sobie
Rodzinę i przyjaciół w bolesnej żałobie.

Pan Miecio rozumiał życie
Wiedział czym jest ból i troska
Kochał i był kochany dodawał otuchy
Szedł przez życie jak pole żniwne jak myślowe kopce

Po trochu wszystkiego

Nigdy problemy ludzkie nie były mu obce.

We łzach widział słodycz smutną z dobrotną pociechą
Pochwalał tajności życia nie czyniąc pośpiechu
Zawsze pogodny mądrym smutkiem
I w cierpieniu wprawny
Zadowolony z życia pocieszny i zabawny.

Trudno teraz nam uwierzyć że go już nie będzie
Zostało też puste miejsce w ławce i w kościelnym rzędzie
Był wiernym niepokonanym słuchaczem
Wierszy Stasia Prusińskiego Pyska
I myśl że nigdy nie powróci z oczu łzy wyciska.

Pomyśleć tak

Czy istnieje taki człowiek
Żeby swego wieku dożył?
Czy powstałoby życie na ziemi
Żeby Pan Bóg go nie stworzył?

Czy istnieją takie usta żeby chleb ich nie otworzył
Czy przyszłość można kupić lub zamienić na inną
Czy szef w piekle jest postacią pozytywną?

Tak można by w nieskończoność pytania zadawać
Wkładając różne myśli do głowy lęku się napawać
Ale ktoś nie jest teraz taki głupi jak może się i wydawać
Żeby od czasu do czasu tak głupiego udawać.

Mój Bóg

Co mi mój Bóg podarował
Najważniejsze to co jest życiem

Stanisław Pysek Prusiński

Rozumiem to z podeszłym wiekiem
Sprawił że jestem zwyczajnym człowiekiem.

Nie obdarował bym był czymś na wzór anioła
Ot tak po prostu do życia mnie powołał
Bóg jest wszechmocny i wszechwiedzący
On jest przy mnie blisko
W głosie kołysanki matczynej czuwał nad kołyską.

Idzie wraz ze mną przez życie dotrzymując kroku
Słyszy rytm serca mego od świtu do zmroku
Gdy czasami przeszłość wspominając tamtą
Istnieć i budować prawdę wcale nie jest łatwo.

Można to rozumieć i pod takim względem
Takim jakim byłem kiedyś już nigdy nie będę
Teraźniejszości często gorzka i taka smutna
Zewsząd czające się pokusy niepokoje błędy
I niewiadome pokręcone różnorodne drogi
Na wzór typowo ziemskiego przybłędy.

Jak niezbadane są łask boskich zdroje
Boga który nam wieczność darował i to w myślach zaszył
Serca bijące we krwi falach naszych
I wszelkich dobrych duchów przyjaznych radosnych
Idących we wspólnym pochodzie do nieśmiertelności.

W piekle kwiaty nie rosną

Czy piekło istnieje prawdziwe?
Może jest wymyślone
Chcesz się o tym przekonać
To rozdrażnij żonę.

Po trochu wszystkiego

Wkurzysz swego szefa
Sknocisz na urzędzie
Możesz się nie spodziewać
A piekło przybędzie.

Piekło stworzone na drodze
Zawadziłeś o sosnę
Zjawisko to nie radosne
A raczej żałosne.

Skasowałeś niezłą brykę
Pozostały do spłaty raty
Nie licz na okoliczności łagodzące
 A pomyśl czasami
Nie zostaniesz w domu powitany kwiatami.

Każdy kto lubi i kocha kwiaty
Podlewa sadzi w wazonach
Latem zimą wiosną
Musi pamiętać o tym że kwiaty
W piekle nie urosną.

Śmiejący pociąg

Pan pociąg ten zawsze się śmiał
Dlatego że ciągle się toczył
I z tego że spuszczał parę
Wagony miał dębowe nie stare.

W przedziałach bogaci faceci
I roześmiane dziewczyny
Ale co najważniejsze
Nowiutkie ze złota miał szyny.

Pan pociąg miał właściciela
Bogatego i szczęśliwego
I pociąg śmiał się do niego
Bez przerwy pan karmił go złotem.

A któż by i kiedyś pomyślał
Dlaczego i z jakiej przyczyny
Pan wsiadł do swojego pociągu
Zapomniał że sprzedał szyny.

I nikt się już teraz nie śmieje
Pan faceci i dziewczyny
Pan pociąg uniewinniony
Dożywocie otrzymały szyny
Błyskają na palcach obrączki
Upiększające kobiet rączki.

Szelesty protesty

Jak woda jest ważna i ogień
I wicher co liście zamiata
Tak ważna jest dla rodziny
Tatowa i mamy wypłata.

Tak ważna jest kasa domowa
I błogie banknotów szelesty
Gdy zabraknie waluty na koncie
Stwarzają się wtedy protesty.

I może to stać się prawdą
Lecz to być może początki
Bo post teraz przez cały tydzień
A przedtem to tylko piątki.

Zapobiec groźbie szelestem
Protestuję to wtedy jestem
Nie tylko ja jeden w tłumie
Dlaczego nie każdy rozumie.

Afery podsłuchowe

Podsłuchać siebie samego
Choć raz w złości udobruchać
Wybaczyć pewne niesnaski zapytać
Co później napisane przeczytać.

Podsłuch jest formą niejawności
Polega na zapisaniu głosu różnych czynności
Podsłuchy dzielą się na obecnie
Co było przedtem z reguły bywają bolesne.

Podsłuchujący na czasie modni
Mają kamery szpilki w rękawie
Zamontują dżipa ot tak po cichu
I mamy problem i już po sprawie.

Montują podsłuch umyli rączki
Sprawa dotyczyć może rzeżączki
Gdzieś w toalecie na polityka
Kamera nagra czym się zatyka.

I w którą stronę gość się przekręci
Wszystko zostaje na tej pamięci
Komputer idzie i na ten układ
Po g... widać co ten gość ukradł.

Dalsze badanie problem wyrówna
Wszystko zależy od barwy g...

Jak g... szare to zmyślak stary
Zakopał wczoraj pod gruszą talary.

Ku swojej wygodzie czuć to po smrodzie
Czasami g... bywa czerwone
Znaczy że uwiódł szefowi żonę
Gdy jest zielone gość już stracony
I politycznie i patriotycznie.

Ktoś nawet i piekło nagrać się odważył
Ale nie wyszło i torbę przysmażył
Teraz się jąka i mocno kaja
Dmucha na zimne takie są jaja.

Morał jest taki trzeba to walić
Buzia na kłódkę i się nie chwalić
A na spacery wychodzić z ptakiem
Nie wykonywać dziwacznych ruchów
Wtedy nie ujmą cię na podsłuchu.

Wszyscy jak jeden

My wszyscy ludzie jak jeden twór
Idziemy codziennie tworząc żywy mur
Patrzący obłędnie otwartymi oczy
I nikt nas nie powstrzyma
Procesu nam nie wytoczy.

Gdy czarna noc cieniem
Rzuca się na strony księgi
Zawarte w nich losy ludzkie złamane przysięgi
Ulatniają się do nicości stają się nieważne
I nastawa to większe i bardziej wyraźne.

Po trochu wszystkiego

Od czasu do czasu w szeregu zgaśnie świeca
Już od dawna słabo tląca
I duchowa teraźniejszość coraz bliżej końca
Na co możemy teraz liczyć i co sobie życzyć?

Kamienne serca

Kamienne serca istnieją
Chociaż niewiele może o nich wiemy
Posiadają je możni biedacy
Ludzie na kacu i poza pracą.

Jak żyć o kamiennym sercu we wnętrzu
Twardym nieczułym bezlitosnym
Serce które oprócz swojego *Ja* nic nie widzi
Nie pojmuje miłości i szczerości się wstydzi.

Kraj w którym się dzieje

A to tam się teraz dzieje
W kraju o systemie nowym
Co niektórzy się pogubili
I potracili głowy.

Na górze w stolicy
Wyższe i wyższe wciąż montują stołki
Zaczęli sobie budować pomniki
Wyświęcają aniołki.

Na ołtarzach złotych płoną złote świece
Zmieniają nazwy ulic
W ministerstwach jak w teatrze rozdaje się role
Na szyjach złote łańcuchy na barkach sobole.

Stanisław Pysek Prusiński

Na przywitanie grają im trąby
I werble łomoczą kwiczą stękają jęczą
W świątyniach w pierwszych rzędach
Kłaniają się klęczą.

Sami się odznaczają degradacją świecą
Z Panem Bogiem się nie liczą
Przykładem złym świecą
Na balach cukrowe torty liczą się na metry.

Wóda i wino się przelewa
Ciurkiem płynie z bańki
Na reporterów z wolnej prasy
Robi się łapanki.

To ci brunatni czerwoni i zieloni
Czarni się trafiają
A co tam im teraz to wszystko wolno
Mają to wydają.

A na obradach rozróby
W ramach polityki
Pretensję do wszystkich sąsiadów
Azji i Afryki.

Więc podsumowując tę hałastrę
To są skurczybyki
A reformy że śmiechu warte
Tak myślą ci panowie.

Kogo tu jeszcze pohańbić?
Co tu jeszcze sprzedać?
Gonić osła do roboty
Ale żarcia nie dać

Po trochu wszystkiego

A co na to niedouczona pospolita
Hołota zwykła od kiełbasy
Komuś się słówko wypsnęło
I dostał zawiasy.

Za ukradzione mydło
Dziesięć lat odsiadki
Biednemu dzieciska
Zabrali od matki.

Widać to jak na dłoni
W niedługich odstępach czasu
Zżerają wszystko po drodze
Gospodarka w strzępach.

Wychodzi na scenę gościu
I przemowę trzepnie
    Słuchajcie wybawcą jestem
    Jutro będzie lepiej.

Ale nie odpowiedział komu lepiej
Kogo to obchodzi
Minę zrobił głupią i bezczelną
Znany stary złodziej
Jakaś wychudzona babcina
Umarła na kołdrze
Wyspowiadał ją pastor nie za darmo
Lecz czy aby dobrze
Do końca łożyła datki
Od zimy do wiosny
Całe życie straszona piekłem
A im brzuchy rosły.

I wiadomo za życia oszczędzała
Przez wiele miesięcy
Bo zakopanie zwłok to kosztuje
Im głębiej tym więcej.

Wyrwali jej z woreczka u szyi
Dwadzieścia tysięcy
Przyjaciele jej w podzięce
Darowali wieńce.

I zakopano babinę
Na cmentarnym rzędzie
Myślę że Bóg ją przyjął do wieczności
Źle jej tam nie będzie.

Powracając do tych panów
Na stypie i na urzędzie
Udzielają się teraz po ciężkiej pracy
Zżerają kiełbasy.

Szczęście to takim sprzyja
Dobre dla nich czasy.
Za zdrowie zmarłej babci
Podnoszą kielichy.

Nagle z kąta się odzywa
Głosik cienki i cichy
I co się teraz stanie?
Cóż ten głosik powie?

    Pijecie ochlapusy za nieżywej
    Biednej babci zdrowie
    Szatan was opętał omamił i zmógł
    A co na to odpowie i pomyśli Bóg?

Zamiast współczuć babci
Gdy ta w niebie z rosą
Zamoczy swoje nożyny chude
Pochowana boso.

Kogoś Pan Bóg rozliczy
Tamtych a nie babcię
Oddała wszystko co miała
Nie stać było już na kapcie.

Znalazł się jednak poczciwiec
I z zorzą polarną
Ofiarował babuni kapciuszki
Z miłością za darmo.

Z okazji urodzin Patricka

Witaj Patrick się masz z rana
Dzisiaj okazja niespotykana
By wznieść toasty wypić szampana
Za Twoje zdrówko i powodzenie
I aż do rana.

Patrick
Dwudziestka stuknęła szybko
Jesteś szczupakiem nie małą rybką
Dzisiaj rodzice i wszyscy goście
Życzą ci zdrowie i powodzenia
Od urodzenia.

Bo od dwudziestki to się zaczyna
Z prawej dziewczyna z lewej dziewczyna
Gdy chcą cię zdobyć muszą powalczyć

Stanisław Pysek Prusiński

Głośniej orkiestra będziemy tańczyć.

Drogi Patricku niech z wczesną wiosną
Wąsy sumiaste tobie urosną
Takie jak tacie nie będziesz gorszy
Niech ci na koncie nie zabraknie forsy.

Korzystaj z życia życie jest piękne
Chociaż jest twarde staraj się zmięknie
Dużo zapału jesteś szoferem jeździj pomału
Nie ciśnij gazem tak do oporu
Szkoda silnika pompy zaworów
Wtedy się szybko przemieszczaj chłopcze
Kiedy policja jest na urlopie.

Mama i Tata i Ameryka
Są bardzo dumni z syna Patricka
Zadowoleni któż im zafika
Ukończysz studia to nie kończ na tem
Pochwal się dyplomem i doktoratem
Gdy wstają zorze Bóg ci pomoże.

Ania ogródek i krasnoludek

Między świętami a postem
W Morrisville tuż za mostem
Krasnoludek szedł ulicą
Żeby o tak wypić piwko
Piękny ranek pusto było
Ale miło.

Patrzy w prawo zerka w lewo
Nagle go rąbnęło zdziwko
O a co to tak kolorowo

Po trochu wszystkiego

To ogródek naprzeciwko.

Krasnoludki są ciekawe
A tak i na dobrą sprawę
To nie tylko te bajkowe
A ten krasnal był prawdziwy
Tylko trochę niecierpliwy.

Między deski wcisnął głowę
Tak zakleszczył swoje body
Co ma robić?
Więc próbuje się uwolnić.

W prawo w lewo w przód i w tył
Nie dał rady
Daleko od baru i domu
Popłakuje po kryjomu
A poskarżyć się nie ma komu.

A co znowu naprzeciwko
Drzwi otwarły się szeroko
Krasnala to bardzo zdziwiło
Aż niechcący przymknął oko.

Nagle w ogródku pojawił się piesek
I podskakiwał wysoko
Tuż za pieskiem młoda dama
Zwinna w sukience niebieskiej
Jak się później okazało
Damą była pani Ania.

Psina otarł się o róże
Ania robi oczy duże
I pacnęła go miotełką

Delikatnie po ogonie
Aż poderwał się ździebełko
I stanął po drugiej stronie.

I nastała przerwa krótka
Pies nadstawił w górę uszy
I wywąchał krasnoludka
I zaczęły się podchody
Piesek go nie zdążył schwytać
Gdyby jednak to się stało
To chyba lepiej nie pytać.

Malec ukrył się pod schody
Nie miał wyjścia życie drogie
Co się dzieje myśli Ania
Skoro piesek coś wywąchał
    Marsz do domu ty niecnoto
    Jeszcze mi się będziesz dąsał
Skwitowała pani Ania.

Miała nosa detektywa
Pochyliła się przy schodach
I po kolorowych butkach
Rozpoznała krasnoludka.

Nie miał szala ani fajki
Był prawdziwy nie ten z bajki
Zapoznanie trwało krótko
Anie rzekła
    Witam ciebie krasnoludku
    Choć zgubiłeś szal i fajkę
    To opowiesz Ani bajkę
    Nie tą z książki lecz prawdziwą
Krasnal poderwał się żywo

Po trochu wszystkiego

I o dziwo.

Teraz Ania z krasnoludkiem
Podlewają piękne róże
Nucą piosenki kopią grządki
Robią na działce porządki
Sadzą kwiatki podziwiają
I gałązki przycinają.

Krasnal w darze dostał mapę
Koniec na gapę chodzenia
Piesek podał mu łapę
To trudne do uwierzenia.

Ale żeby więcej wiedzieć
I uwierzyć w to prawdziwie
To musimy ich odwiedzić
Anię i Andrzeja wkrótce
Krasnala i pieska w budce.

Zmiany czasu

Czasy zmieniają się
Na lepszy czas gorszy i zły
A może to jest nieprawdą
Czas się nie zmienia lecz my.

My sami i z takiej przyczyny
Ojcowie żony dzieci i rodziny
Bo Bóg nas ulepił z gliny
Na podobieństwo i z boskiej przyczyny.

Są zmiany na dobre i lepsze
Jak świeże czyste powietrze

Tak w domu nad rzeką czy w lesie
Czekamy co czas nam przyniesie.

Smuga strachu

Czarne czerwone białe zielone
Barwa zanika zmienia się gaśnie
Na pokuszenie karci i kusi
Tworzy oblicze podwaja skraca
Zamiary dążeń w nicość obraca.

Nazwane strachem dziwne odczucie
Jak cios zadany w serce otwarte
Paraliżuje bezwarunkowo
Niszczy co ważne i dużo warte.

Strach to przeszkoda jak twór natury
Zmienia się uśmiech w grymas na twarzy
Na prostej drodze wyrosło licho
I huk potężny i znowu cicho.

Kłótnia

Pokłóciło się zło z dobrem
Licho twierdzi że jest dobrem
Dobro rzekło   ty bądź cicho
   Jesteś złem bo jesteś licho.

Sprawa w sądzie
Sędzia   cicho
   Powstań licho kto tu szkodzi
   Krzywdzisz dobro o co chodzi.

I słowa padają krytyczne

Po trochu wszystkiego

Dobro jest teoretyczne
A w praktyce to złu sprzyja
Gdzie jest prawda i czyja
Niech to wszystko porwie licho.

Sędzia robi miny głupie
Wziął łapówkę i ma w d...
Niezłą kasę znaczy dobrą
Płaciło i licho i dobro.

Sędzia ów miał doświadczenie
W wymierzaniu kar i grzywny
Małomówny postrzelony
I trochę nawet poeta
    A g... rzekł mnie to obchodzi
    Teraz to róbta co chceta.

Ciesz się

Ciesz się że oddychasz i wzdychasz
Każdą chwilą która zdąża ku tobie
Mimo że wiatr w twarz ci smaga
A życie tak wiele wymaga.

Nie skrzecz i nie bywaj nadęty
Nie daj się złapać na tanie przynęty
A głowy nie posypuj piaskiem
Istniejesz posiadasz wielką łaskę.

Bo życie jest niezwykłym darem
Nieznanych sił boskim wymiarem
Dzisiaj jest a jutro się okaże
To moje co dzisiaj sobie wymarzę.

Oni i my

Oni i my tak często podzieleni
Nietypowi grzeszni i zwyczajni
Skazani na bycie na ziemi
By boskie nakazy wypełnić.

Pod obiektywem wszystkiego
Co dzieje się i mnoży
Zdrowi i nieraz bardzo chorzy
Przemijamy z cieniem i historią
Często z piekłem i euforią.

Uczeni bogaci czy ubodzy
W pętli czasu na teraźniejszości wodzy
Zależni od czasu powietrza i słońca
Od stworzenia do samego końca.

Dwa kosze

Uplotłem dwa kosze duże
Oj długa i żmudna to robota
W jeden kosz nazbierałem grzybów
A w drugi włożę pięć sztabek złota.

Patrzę i dziwię się temu
Jestem grzybiarzem czy fanem
I będzie zupa grzybowa
A złoto wyślę nad ranem.

Wraz z życzeniami i kartą
Bo warto z rozmachem i odwagą
Z podziękowaniami dla Naszej Córeczki
Joanny do Chicago.

My wy oni

My walczymy pracujemy
Marzymy o lepszym jutrze
A wokoło wciąż tyle się dzieje
Rozkwitają w nas nowe nadzieje.

A co wy wyprawiacie panowie
Zamknięci w dobrobytu łaskach
Ze złotymi koronami na głowach
I twarzach ukrytych bez wyrazu
W czarnych rubinowych maskach.

A na placach i ulicach idą oni
Czarni czerwoni zieloni
Nieprawdziwi leniwi wrzeszczący
O coś co nie istnieje walczący
To wasza jest wersja stąd presja.

My wy i oni przypatrzmy się sobie
Gdy spotkamy się kiedyś w jednym grobie
I staniemy w jednej kolejce
Czekając na pochwalne wieńce.

Hańba

Za uderzenie starego woła batem
Kara śmierci i spotkanie z katem
Za oplucie hrabiego zawiasy
Przedziwne to i niespotykane czasy.

Banda hańba i kielich goryczy
Ogień zemsty się jarzy i syczy

Hetman z królem starli się w szyku
Pole trupów się ścieli bez liku.

Nietęgą ma minę słońce
Wysyłając promienie iskrzące
Na hańbą okryte legiony
I krwią plac boju splamiony.

Zgorszenie grożba i trwoga
Coś się stało czyżby zabrakło Boga
Umarli bo na ziemi jest ciasno
Zwyczajnie bezszelestnie śmiercią własną.

Inwazja

Do mego kraju co zwie się Polską
Nad Bałtyk Wisłę i inne strony
Wkroczyły nagle w piękny poranek
Zza oceanów wojska bataliony.

Czasy zrobiły się niespokojne
Swąd polityczny czuć rychłą wojnę
Dla kogo po co te wielkie czołgi
Pełzną niemrawo z tumultem wrzawą.

Gdyby tak na zdrowy rozum pomyśleć
Cóż więc głupszego można wymyśleć
Przeciwko komu i w jakim celu
Kto tu przewodzi w takim b...

Walczyć a o co i z kim doprawdy
Z bratem i ojcem na własnej roli
Czekać aż czarna masa się rozgrzeje
I wygra bitwę i nas wyzwoli.

Po trochu wszystkiego

Pożarte chleby popili wódką
Łąki oblali maziowym kwasem
Bardzo zmęczeni ciągłym czekaniem
Leżą bezładnie pod pobliskim lasem.

A atmosfera ciągle napięta
Zima za pasem a idą święta
Jedni się pasą to politycy
Inni zziębnięci cuchnie z ulicy.

Na górze siedzą grubaśne świnie
I kradną wszystko co się nawinie
Po wielkiej wojnie gdy zew zawyje
Kto ocaleje co będzie czyje?

Koniec

Nie może płakać łez mu zabrakło
Panicznie patrzy na światło w górze
Chyba coś ujrzał na kształt gołębia
Jesteś w potrzebie może po ciebie.

Ciężko oddychać krew w żyłach krzepnie
Boże zaczekaj niedługo święta
Chciałbym uściskać ojca i matkę
I jak co roku połamać opłatkiem.

Nie chcę się spierać nie chcę umierać
Cudny poranek nim słońce wzejdzie
Może nastanie coś niezwykłego
Straszny ból przejdzie.

Nie wysłuchały proszone moce

I anioł śmierci odszedł wraz z duchem
Zabrał ze sobą resztki modlitwy
I z ust proszących o pozostanie
Zgodnie z nakazem ostatnim razem.

Limit życia wyczerpany

Minęły lata czas świat zostawić
Nie wszystko teraz da się naprawić
Moje wieczorem w południe z rana
Ktoś z tamtej strony przyjdzie do pana.

I zawinięty w śmiertelny całun
Ciesz się nie stękaj nigdy nie żałuj
Ktoś decyduje gdzie cię przydzielą
I paragrafy ci d...

A powitanie w piekle czy w niebie
Nagroda kara dla mnie czy ciebie
Miejsce w salonie przy wielkim stole
Lub w wielkim kotle w gorącej smole.

Nigdy nie wiemy gdzie licho drzemie
Może powtórnie poślą na ziemię
I wcielą w krowę konia barana
I będziesz znowu tyrać od rana
Czy żyć będziemy w innym wymiarze
Teraz nie wiemy to się okaże.

Mali ludzie

Mali ludzie na wielkiej ziemi
Od poranka do południa aż zmierzchnie
Przemijają jak zwyczajne chwile

Po trochu wszystkiego

Zawsze za wcześnie.

Skazani na wiarę i uczucia
Kupczą zaprzedają się wzajemnie
A walcząc o materialne dobra
Przy okazji dewastują ziemię.

Nie moje to i nie twoje i nie onych
Jeno szkoda tylko dziewiczych łąk zielonych
I dorobku przeszłego pokolenia
Co dobroć i miłość w strach zamienia.

Niezwykłe urodziny Tereski

Prawdą jest że tak powiem
Jest piękna i młoda to wszystko
A chodzi tu o pewną damę
Do odgadnięcia kto to jest tak bardzo blisko.

To mało nie dużo każdy powie
Wypijmy za Tereski naszej zdrowie
Po raz pierwszy raz drugi i czterdzieści
Polejmy w kielichy i się zmieści.

A teraz coś o solenizantce Teresce
Nie odchudza się nie jeździ na wrotkach
Ma nadzieję że zawsze jakoś tam będzie
I nic w życiu złego jej nie spotka
Wierzy w prawdę bo co tu do ukrycia
Trzeba twierdzi korzystać z życia.

Od czasu do czasu mruży oczka
Z nadzieją że nic złego się nie stanie
Jedną wadę tylko ma oczywiście

Kto odgadnie to nagrodę dostanie.

Używa szamponu w wannie i pod prysznicem
Skrupulatnie zarobione centy liczy
I sprawy biegną do przodu
Bez rozgłosu i chęci do rozwodu.

A mąż Pysek co z nią mieszka
Zawsze mówi   o moja śliczna Tereska
    Ubrana i zadbana obiektywna
    Do życia nastawiona pozytywna.

Teresko królewno z Karwowa
Gdzie sokół swoje gniazda wyplata
Podrzucimy ciebie tysiąc razy w górę
Za tysiąc pierwszym musimy ciebie złapać.

Tereska jest aniołem w tysiąc procent
Popieramy ją w każdym względzie
Szanujemy ją i kochamy wszyscy
I wierzymy że zawsze z nami będzie.

Spotkania nocne

Po dniu udręczonym nastaje noc głucha
Milkną hałasy i gwary przyziemne
I rodzi się senność niepokorna sucha
Bezszumowa cicha i w tobie i we mnie.

Gdy źrenice oczu na dobre opadły
Do myśli się inne istoty zakradły
Przedziwne koślawe drapieżne demony
Ukazując swoje macki i koślawe szpony.

Po trochu wszystkiego

Znalazłeś się nagle na cmentarnej mogile
Gdzie wieniec z róż czerwonych utkały motyle
Nieopodal hałaśliwie skrzeczą nietoperze
A środkiem alei pędzi diabeł na rowerze.

Nagle piorun uderzył myślami wzdrygnęło
Niebo się otworzyło i zadrżało piekło
Sen został przerwany i na całe szczęście
To straszne senne widzenie zwyczajnie uciekło.

Dlaczego w snach naszych rodzą się koszmary
Bez względu czy człowiek jest młody czy stary
Wierzący czy niewierzący włochaty czy łysy
Jaka jest na to odpowiedź ktoś kiedy usłyszy?

Zmiana hymnu

Hymn Państwowy Polski
Wydarte głosy z gardeł i brzmiące słowa
Co nam obca moc wydarła
A dlaczego wydarła?

A to przez głupotę opilstwo
Krótkowzroczność lenistwa niecnotę
Kto to pisał tę pieśń z euforią nagłą
Co przepiliśmy i przegraliśmy w karty
Odbierzemy szablą
Co było to się skończyło słowa mało znaczą
Czy pokolenia przyszłe nam to wybaczą?

Sytuacja minęła się z prawdą panowie szlachcice
Sprzedaliście ojczyznę tworząc Targowicę
Wasze Liberum Veto i spory wewnętrzne
Wpędziły ojczyznę w szpony niebezpieczne.

Ciągłe kłótnie o władzę i piekielne swary
Hymn który dotąd jest grany jest po prostu stary
Stwórzmy coś normalnego bez użycia szabli
A tych co ciągle kupczą niech ich porwą d...

Gonitwa za

Świat dziwaczeje wszyscy za czymś gonią
Jedni za chlebem a inni za sławą
Znudzeni Rzymem Moskwą Waszyngtonem
Czasem zamknięty zakład staje się ich domem.

Piękni i brzydcy normalni i idioci
Ktoś tam nabrał kogoś przekręci napsoci
Może przypadkowo natknie się na rzeczy
Głośno złorzeczy.

Ktoś nie wytrzyma i umrze przypadkiem
Zostawi ojca matkę z długiem żonę
I tak odejdzie bezinteresownie
Na tę drugą stronę.

Tamten zakochał się bez wzajemności
Innemu konto wirus zajął dziwny i zazdrosny
On się po prostu zamknął w swoim domu
I czeka wiosny.

A co ja robię o to siebie pytam
Budzę się rankiem i ze świtem witam
I patrzę w okno na piękne gołębie
Które flirtują na wysokim dębie.

Lustro i wilk

Oglądał się wilk w lusterku
I oczom nie wierzył
Ogromny go strach obleciał
I niesmak uderzył.

Czy to ja jestem w tym zwierciadle
Myślał czy to ktoś na niby
Z przodu potężne szczęki
Jak zębate tryby z których kły wystają
I ślepia rozbiegane na obydwa boki
Dziwne znaki dają.

I nagle przestał patrzeć w lustro
Wiedział co go czeka
Dobrze że w lustrze nie ujrzał
Obrazu człowieka.

I tu się nasuwa kwestia
Przy tym pytań kilka
Że czasem człowiek jest brzydszy
I okrutniejszy od leśnego wilka.

Zaproszeni

Zaproszono na ucztę i podano kaszę
Polano w ich kielichy za pieniądze nasze
Wypito nie za nasze lecz za swoje zdrowie
A o czym dyskutowano? To nikt się już nie dowie.

Uczta została przerwana nad samiutkim ranem
I odtąd gospodarze mają przerąbane
A dlaczego tak się stało bo na pomysł wpadli

I zaproszonych gości z portfeli okradli.

Domowa radość

Jak niewiele potrzeba by uczynić radość w domu
Tylko tryk kulinarny i sposobem naszym
Piekąc placek rozkoszny przekładając serem
Kto twierdzi że jest niesmaczny jest zwykłym frajerem.

Droga Teresko ekspiriens twój sprawił
Żem się do twojego tortu ochoty nabawił
Oczęta mi na wierzch wyszły i rozjaśniła się mina
Z moich ust wartko do tortu popłynęła ślina.

Mówiąc prawdę i nie grzesząc stroniąc od pochwały
Nie pamiętam w sekundach pochłonąłem cały
I nim się ocknąłem niech to porwie licho
Oblizałem się szybko teraz siedzę cicho.

Łakomstwo nie jest grzechem gdy chodzi o dziadka
I chociaż może nie zasłużyłem ale jest dokładka.

Odejście

Dwóch ich było on i duch
Byli razem sto lat bez mała
Gdy pierwszego dnia tygodnia
Jego głowa rozbolała.

Każe sobie pokój wietrzyć
Myślał głośno zaczął pieprzyć
Kogo wkurzyć i opieprzyć
Że to niby zbiera grzyby
W małym stawie łowi ryby.

Po trochu wszystkiego

A ten drugi to był zuch
Bo to był pierwszego duch
Zażył zatem aspirynę
Schował głowę pod pierzynę.

Legli obaj i po fakcie
Spotkali się w drugim akcie.
Ciało objął srogi ziąb
Dziwne latem zimno skąd.

A na termometrze kreski
W głowie huczy trzeszczą deski
Wtem zaczęło coś kołować
Ciałem rzucać w górę w dół.

Nawarstwione kłębem myśli
Porozrywało na pół
Całe ciało objął chłód
Trzeszczy jak na rzece lód.

Tego nie wytrzymał duch
Zrobił bardzo szybki ruch
I zwyczajnie z ciała nawiał
Jakby czegoś się obawiał.

Temu twarz się rozjaśniła
I na biało się zrobiła
Cicha nierozmowna miła
Trochę jakby się zdziwiła.

Duch poderwał się wysoko
Puścił mu ostatnie oko
I pomachał skrzydełkami

I zapędził się wysoko.

Zgodnie z rytuałem śmierci
Ten już tyłkiem nie zawierci
I z godnością leży w grobie
Nic z tego nie robiąc sobie.

Codzienność

Prześcigasz się w robieniu czegoś
Siebie i kogoś czymś obdarzasz
O jednym jeno zapominasz
Że zagrożenie duszy stwarzasz.

Im dalej brniesz tym więcej grzeszysz
Tym swego Boga nie ucieszysz
Bardziej gorliwie się uwijasz
Tym jeszcze mocniej gwoździe wbijasz.

Czy ty człowiecze co budujesz
Rozniecasz boje i pożogi
Codziennie naprawiasz i psujesz
Przyprawiasz własnej głowie rogi.

I któż ma rację w tym to dziele
Wesela naprzód potem pogrzeby
Więc módl się pracuj porzuć fochy
Nie gniewaj Boga bez potrzeby.

Miłość i śmierć

Tyle rozpraw stworzono i o miłości i śmierci
Od lat tysięcy począwszy od epoki papirusu
Jeden fakt się przewija najprawdziwsza prawda

Po trochu wszystkiego

Nie ma śmierci z przypadku a miłości bez przymusu.

Miłość i śmierć cię dogoni
Chociaż przed nią uciekasz
I się jej nie spodziewasz bo nigdy nie czekasz
I nigdy ci nie popuści
                      Ulegniesz a juści.

Moje jest

Błądzę i nucę czytam i pożądam
Myślami biegam do nieskończoności
I kark naginam kłaniając się nisko
I nie pojmuję po co jest to wszystko.

Sny niespełnione przeżywam boleśnie
Czarne jak noce skazane na troski
Znaczące tyle co trzask gasnącej świecy
Jak na głębinach wody warownej fortecy.

Marzeń i zaproszeń nie spełnionych tyle
Jak fruwające błękitne motyle
W lustrzanej wodzie co odbija światło
Prawda nie jest prosta a żyć z nią nie łatwo.

Ginąca puszcza

Co las zawinił że go głupcy niszczą
Z wielkim zapałem od rana do nocy
W imię idei reformy korzyści
Silni bezmyślni leśni terroryści.

Pokotem leżą pokonane drzewa
Stuletnie jodły i potężne dęby

Wrzeszczących maszyn wystające zęby
Zwykłych roboli roześmiane gęby.

Płaczących zwierzy rozbiegane ślepia
Strapione ptaszyn stada gady i padalce
Widok przeraża i chwyta za serce
Co mamy uczynić jak zapobiec tej walce?

Winnych ukarać wprowadzić reformy
W puszczy przywrócić normalności zgodę
Zgodnie z naturą to nasz obowiązek
Żeby wprowadzać spokój szanować przyrodę.

Poranek

Porankiem cichym dzionek się zaczyna
Z gąszczu gałęzi i gniazdek wyfruwa ptaszyna
W głębi naszcza leśnego wąż się ślizga w trzcinie
Przebudzona ze snu wiewiórka robi dziwną minę.

Stary miś przetarł ślepka gramoli się z jamy
Mrowisko się poruszyło krzątają się damy
Słońce wyjrzało zza pagórka dotarło do zboczy
Zająca coś przestraszyło aż w górę wyskoczył.

Las rozszumiał się na dobre ze snu obudzony
W różnorodność kolorów silnie upiększony
I ruszyła lawina ze snu obudzona
Pięknem zwyczajnego poranka do życia stworzona.

Zapałka

Bateria padła ciemność nastąpiła
I myśli straszne przeszły moją duszę

Po trochu wszystkiego

Przez parę watów i liche grosiki
Ot takie głupstwo ja umierać muszę.

I z braku światła powstał w sercu zator
A mogłem wziąć z domu akumulator
I światłem lampki ocalić swoje życie
Gasnące w samym rozkwicie.

Wtem coś dziwnego przy stole się stało
To chirurgowi zapalić się chciało
A dalej to wszystko to już była bajka
Życie mi ocaliła zwyczajna zapałka.

Przy blasku świecy i z pomocą igły
Zaszyli moją klatkę poruszyli serce
Jestem wśród żywych i z tego to względu
Cieszę się wielce
Każdym porankiem i kwiatów zapachem
W snach się przewija łąka umajona
Ale mam problem jak podziękować zapałce
Która niestety została spalona?

Serca

Serca ze stali wykute
Na kowadłach potężnym młotem
Skropione suto niewolniczym potem
Nie drgają bez nadania im ducha i na żaden rozkaz
Stworzone tak wielkim wysiłkiem niestety na pokaz.

Ogromne kamienne popiersia
Licznych bohaterów dawnych czasów
Które wiatry chłostały i deszcze rosiły
A w nich zalegały serca

Stanisław Pysek Prusiński

Skalne dumne i krzemienne
Pozostawiły po sobie klątwy bezimienne
Serca żywe ludzkie zwyczajne i czyste
Szyte na wzór boski
I zawarte w nich bolączki
Frasunki i troski.

Zmęczone serca pobudzane do życia
Krwią czerwoną żywą
Czynią coś niezwykłego
Bo życiem prawdziwą.

Nadzieją żyć

Zaiste tym słowem się wzruszę
Tęsknotą której użyć teraz muszę
Do czegoś co jest we mnie i co istnieje
A pobudzi w mym sercu nowe nadzieje.

To coś co mnie otuchą natchnie
I prawdę w moich myślach stworzy
I stanie się to najprawdziwszym wzorem
Realnie i prawdziwie cud boży.

Nim dobiegnę do kresu swojej mety
Potknę się może i razy tysiące
Wierzę w to że dla ludzi i dla mnie
Zajaśnieje otucha gorącem.

Gdyby tak

Gdyby tak poprzeć umysłem i siłą
Zapomnieć złe zdarzenia
Odnaleźć to czego nigdy nie było

Po trochu wszystkiego

I ocalić od zapomnienia.

Wysłanych w daleką nicość skojarzeń
Prawdziwych i niezamierzonych
Wybaczyć i się rozliczyć
Z grzechów niepopełnionych.

Chwil wiele jest jak piasku ziarenek
Ukrytych skradzionych i zdrożnych
I oszalałych z zachwytu
Orszaków dziewiczych pobożnych.

A nam tak niewiele potrzeba
Kapeczkę czułości oddania
I małą kromeczkę chleba
I chwili do jej rozdania.

Trwać i móc

Co robić żeby trwać i móc
Żyć w dobrobycie wiecznie
I nie mieć co do tego złudzeń
Swawolnie i bezpiecznie.

Osiągnąć wszystko co prawdziwe
Ogarnąć błogim wzrokiem
Nie dzielić nigdy dni i godzin
Począwszy od narodzin.

Z pachnących zbóż i białych róż
Pełną piersią wciągać wonie
A może na dalekiej prerii
Podziwiać piękne konie.

Niestety nie jest tak jak pragniesz
Czas płynąc żniwo zbiera
Pomimo próśb a nawet gróźb
Nie zapytawszy zabiera.

Pozostań zatem z tym co masz
I ciesz się z każdej chwili
Doznają tego ci co przybędą
I ci co już przybyli.

Młodości przeszła

Młodości bujnej cienie przemknęły
Tak wiele wschodów i zachodów słońca
Miłości żywych i przelotnych
Co we wspomnieniach nie ma końca.

Ław szkolnych zapisanych stronic
Matematycznych logarytmów
Prywatek nocek niezapomnianych
A umysł rósł w siłę i kwitnął.

Czas zabrał najpiękniejsze wiosny
I lata oraz zimy srogie
I nie pytając się nas o zgodę
Postarza nasze serca młode.

Wyznawcy

Przepraszam ten temat jest ważny
Być może się ktoś i obrazić
Ale to prawda i może zaboleć
I można się komuś narazić.

Po trochu wszystkiego

Prawdą jest że kościół jest bożym domem
Bóg w nim przebywa i chrześcijanie
Uczeń oraz prości ludzie
Przychodzą do kościoła
W dni powszednie i w niedziele
Po dniach tygodnia ciężkim trudzie.

Kościoły pełne są w święta
Dziatwa się garnie uśmiechnięta
W tabernakulum Chrystus żywy
Święty pokorny prawdziwy.

Pastor powinien mówić
O życiu zwyczajnym ludzkim
O troskach i problemach
Językiem zwyczajnym prostym.

A co nieraz wysłuchujemy?
Że szatan rządzi światem
Że piekło jest na ziemi
A diabły straszą jak się ściemni.

Że demony wiją się wściekle
Że ogień spali nas w piekle
To nawet i nie wypada
Gdy aktor takie rzeczy gada.

Dzieje zabory

Chłop pańszczyźniany
Ziemię czarną
Skiby przewracał od świtu do nocy
A rola twarda sucha zapuszczona
I zimna jak cień głuchej nocy.

A na urzędzie pan talary zbierał
Gnębił i karał chłopem poniewierał
Plony przepuszczał często w magistracie
Ba kiedyś przegiął to zabrudził gacie.

Chłopa wkurzyło dnia pewnego z rosą
I na wezwanie nie zjawił się z kosą
Wojna wybuchła kto ma bronić pana.

Chłop był niegłupi łeb miał nie od parady
Zrozumiał sprawę nie poszedł na zwiady
A co tam po mnie jak nawarzyli piwa
Niech się bronią dziady.

Zaborca zajął chłopa oraz ziemię pana
Pan został z niczym cóż wojna przegrana
Rezultat tego chłop biedny jak przedtem
Panu jest wstydno i uciekł na grzyby
Koń pług ciągnie ale na niby
Przez politykę i opilstwo pana
Nastała niewola i bieda niesłychana.

Chcę tu zostać

Nie mogę zostać muszę odejść
Zabrałbym ze sobą gdybym mógł
Cząstkę wysokich gór i wód
Pszenicznych pól i krętych dróg
Wierzchołków drzew i ptasi śpiew
Na horyzoncie słońca wschód.

I tu nasuwa się pytanie
Jesteśmy lecz gdy nas zabraknie

Po trochu wszystkiego

To wtedy co po nas zostanie
Życzenie może nie ostatnie.

Filmy wideo muzyki dźwięki
Uściski rąk zapracowanych
Zachodów słońca oglądanych
Wspomnienia wspólnych zgrzeszeń
Słowa otuchy i pocieszeń.

Albo pod lasem chatka licha
Ogródek grządki i porządki
I suchy kaszel rwący z gardła
Pieśń żywa nigdy nie umarła.

Świergoty ptaków i szum topoli
I ból co bywał a już nie boli
Moce pojednań swarów i kłótni
Dźwięki organów skrzypiec lutni.

Zostanie po nas pamięć droga
Ciche westchnienia w dal przestrzenną
Powiemy sobie żegnaj droga
Nam żywicielko Matko Ziemio.

Kariera

Karierę zrobić i chcieć tak
Być tak na serio w świecie znany
I mieć co chcieć rozdawać
Być i bogaty i lubiany.

Nie umysłowo czy fizycznie
Urobić ręce do rękawa
Ale najprościej patriotycznie

Zbudować tron otoczyć wodą
Cieszyć się życiem i przyrodą.

Patrzeć na słońce co dla mnie świeci
Wokoło służba mnóstwo kmieci
I lwy tańczące na mój znak
I dobrze jest mi tak.

Oni mi służą to są fakty
Wybrali króla niech ich boli
Niech każdy swoją biedę para
I muszą mnie się nisko kłaniać
Od mojej wysokości wara.

Czasem mi dziwno jak widzę siebie
W lustrze wyglądam trochę głupio
Lecz nadal wciskam politykę
Zwyczajni ludzie wszystko kupią.

Emigracja

Tłum imigrantów ich lica blade
Stłoczony wolno się posuwa
Po szarym bruku peronowym
Za czymś co zowie się tym nowym.

Ojczyzny ich zostały w tyle
Rodziny pola oliwkowe
Za chlebem poszli za niewiadomą
Na nowe dole przypadkowe.

Być może ziemia obiecana
Jakże wyśniona wymarzona
Przez los czasowy przepisana

Może okazać się pogardą
Nową krainą smutną twardą.

Posępne twarze poszarzałe smutne
I oczy świdrujące dzikie
Oj tak nie jeden się poślizgnie
Zanim pokocha Amerykę.

Szukać prawdy

Nam ludziom ziemi prawdy trzeba szukać
Do drzwi kołatać i do okien stukać
Odkrywać nowe tajniki stworzenia
By rozprzestrzeniać prawdę duszy dróg
I potężniejszy był nasz Święty Bóg.

Przeszłe epoki i wielkie cele
Niezapomniane ich ostatnie sny
Idziemy do przodu z pochodnią na czele
Gromadnie oni wy i my.

Niezłomne moce drzemią w ludzkich czynach
Krwią poplamione zła się wiele dzieje
Nie poprzestawać budować nie burzyć
Szanować siebie zawsze mieć nadzieję.

Zgoda niech łączy biednych i bogaczy
Prawdziwa mądrość musi wystarczyć
Razem będziemy święty ogień nieść
Bo my wy i oni winniśmy mu cześć.

Pary tęsknoty

Zaczarowanych wspomnień

Dawnych lat przebiegłych
Z kraju rodzinnego nad cudowną Wisłą
I wierzb płaczących przy kręconej dróżce
Konarów dorodnych jabłoni i wiśni
Spod strzechy naszych ojców
Oddalić się nam przyszło.

A w sennych widzeniach wracają obrazy
Ziarenek zboża dojrzałej pszenicy
I nozdrza zwabione łąkowym zapachem
Strudzone nogi moczone w strumieniu
Zamknięte powieki pod lipowym dachem.

I przyszło oddychać nam cudzym powietrzem
Żalić tęsknić pragnąć z nadzieją żyć jasną
Mimo że wzrokiem rodzinnej krainy nie dosięgniesz
Czujesz rozłąkę prawdziwą i własną.

Nasz czas

Wraz z przemijaniem następuje pustka
Bezbarwna bezwonna nim płochliwy taniec
Zimna zgorzkniała z grymasem na ustach
Teraźniejszości godzin wymazaniem.

Ogrom sukcesów porażeń majaczeń
Czas wchłania nie pytając bez żalu i skruchy
Na skargi prośby klątwy ubolewań
Nad tym czego nie będzie pozostaje głuchy.

Pozostać w szyku z przemijaniem zmierzyć
Moment wyczekać i wtedy uderzyć
A może lepiej jednak abdykować
I z przemijaniem w dal pomaszerować.

Myśli moje

O myśli moje płonne i rzewne
Przejrzystą nicią wierszową szyte
Błagalnym głosem tęskne i wylewne
Czułym wzrokowym i rzutkim zachwytem.

Jak abecadła i liter prostości
Mniemam że ilość na jedną kartę
Wielkiej zasłudze i uprzejmości
O myśli moje tak wiele warte.

Jak powiew wiatru natchnieniem duszy
Prawdy najprostszej ukrytej w baśni
Na fali czasu i wyobraźni
Myśl mądra żywa umysł rozjaśni.

Myśl moja fazy życia zaszczyca
Biegnie z szybkością jak błyskawica
Czasami drzemie smacznie pod kołdrą
Dzięki ci myśli za wzór i dobroć.

Natura i ludzie

Sprzeniewierzyć się naturze
Jeszcze głośno się tym chwalić
Robić sztuczne jaja kurze
Coś zbudować wnet rozwalić.

Dawno temu i przed laty
Wymyślili ludzie proch
Wtedy to był wielki sukces
Jakby nie wiadomo co.

Stanisław Pysek Prusiński

Wkrótce coś ktoś w rozum wrzucił
I zaczęły się trudności
Przeciw sobie proch użyto
W imię prawdy i wolności.

Dalej to już poszło na to
Więc wynaleziono atom
Spuszczono na własne głowy
Pył i ogień atomowy.

Modne są dziś wielkie wojny
Była pierwsza potem druga
Zapowiada się i trzecia
A człowiek wariata struga.

Stwarza nicość i rozboje
Niszczy własnej pracy plony
Pojawiły się roboty
Montuje się sztuczne żony.

Sztuczne członki zapłodnienia
Z konia robi się jelenia
Wiek już jest dwudziesty pierwszy
Czas biegnie bez nas bez łaski.

Smugi dymu już nad ranem
Ocieplenie nastąpiło
A więc mamy przerąbane
Huragany zjadliwie
Niszczą wszystko co po drodze
Sprzeniewierzyć się naturze
To być ukarany srodze.

Duszności

Gdzie byłeś jak kochać uczono
Jak pamięć za darmo dawano
Gdy siły dzielono hurtowo
Jak lęk z serc zabierano.

Stałeś oparty na burcie
Nie słysząc prośby i wołania
Nie czułeś nic nie pragnąłeś
Niegodny bez zaufania.

A teraz w łączności ze światem
Zostałeś zwyczajnym furiatem
Jak jastrząb pazerny na tronie
Bez skruchy bo i co ci i po niej.

Ostatni i może nie pierwszy
Twoją myśl jadowicie rozwierca
Uderzasz a nie przebaczasz
Nie możesz
          Zabrakło ci serca.

Beztrosko się można utuczyć
Za muru ceglaną ścianą
Nie chciałeś nie byłeś nie będziesz
Istotą widzianą lubianą.

Być może odejdziesz pofruniesz
Nie ucząc się na błędach i znakach
Zostanie ci pustka i nicość
Zwyczajna duchowa pokraka.

Dziewczyna i wianuszek

Przecudne kwiaty wplecione we wianuszek
Okalający głowę młodej panny
W odbiciu fali zalotny rumieniec
Na buzi dziewczyny przy brzegu różanym.

Miły nie wrócił zaczynało świtać
O rękę panny popłynął zapytać
Matkę i ojca i z tej przyczyny
Przepadł w odmętach nieznanej głębiny.

Jeszcze tak niedawno zapatrzeni w siebie
Przysięgali miłość i wierność do śmierci
Chłopca pochłonęła nieszczęsna wód głębina
Wielkiego żalu i smutku przyczyna.

Rankiem piękna panna wianek zdjęła z głowy
Podniósłszy w niebo zapłakane oczy
Rzuciła wianek na odmęty rzeki
Wyszeptawszy słowa   tyś jest mój na wieki.

Złożyła śluby w pobliskim klasztorze
Lecz o miłości do chłopca zapomnieć nie może
Klęcząc i modląc się każdego ranka
Wspomina niedoszłego męża i kochanka.

Ku pokrzepieniu

Wiara jest darem i odwagą
Obdarza siłą i czystością
Pokrzepia ducha i buduje
To co nazywa się miłością.

Przyjaźnie proste i dozgonne
Zwyczajnych słów czynione gestem
Tworzą ideał niedościgły
Uwierzę w prawdę prawdziwie jestem.

Obdarowano stracony

Otrzymał wszystko życie i sławę
Piękne mieszkanie duże pieniądze
Nie dając w zamian niczego
Pozostawiono jemu żądzę.

Chęć posiadania coraz więcej
Niedokarmianie i niedosyt
Pełzające stany obłąkania
Powolne żmudne wykrywania.

I w tym rwetesie niedosytu
Popytów większych od podaży
Widnieje szaro czarna strona
Gdzie pierwsze skrzypce gra mamona.

I raptem kształt histerii sławy
Rozpada się na wiele części
Tąpnięcie ciało się rozpada
I nie doczekał się swojego
A nie domyślił się dlaczego.

Domysły

Kim to ja właściwie jestem?
Pełzającym dziwacznym stworem
Płaczącym po kryjomu tułaczem
Szukającym czegoś i czy coś znaczę?

Ślepcem który okulary postradał
Dlatego że oczu nie posiadał
Bezrobotnym piekarzem z długoletnim stażem
Stróżem wodnego młyna na głębokiej toni.

Błądząc we własnym życiorysie
Wydaje mi się że nic mi się nie wydaje
Odpoczywam między kwietniem a majem.

Nigdy się nie nudzę
Rozżarzone węgle studzę
Zalewając wodą palenisko
To wszystko.

Spece od rozróby

Rozrabiać wolno owszem i z gestem
A specjalistów tam jest bez liku
Temat rozwinąć można najszybciej
Na pierwszym miejscu od polityków.

A polityką to się nazywa
Z prawa i z lewa nigdy po środku
Polityk służy do polewania
Do zatwierdzania i olewania.

A czy są myśli u polityka
To się pojawia inna znów zanika
Kłamstwo jest prawdą prawdą jest kłamstwo
Niepospolite zwykłe zaprzaństwo.

Oględnie spojrzeć z góry na wszystko
Co było pierwsze żyto czy ryzysko?

Po trochu wszystkiego

I okazało się niepojęte
Pola nie było a zboże ścięte
Rżyska ani śladu a jest urodzaj
Gdzie się tu zdrowy rozsądek podział.

Tożsamość

Przeszłości zwykle ślady zatarte
W przyszłości nadzieje tak dużo warte
Teraźniejszości sukcesy błędy
Osnute myślą nadzieje względy.

Jak udowodnić własną tożsamość
Wezwać aktorów rozdać im rolę
Obsiać żarliwą mądrością myśli
Wiedzą nauką prawdziwie pole.

Grubymi nićmi pozszywać sieci
Co niepokorne zbędne wyburzyć
I zaplanować przyszłości drogę
By po nowemu życie powtórzyć.

Hasła

Naprzód do celu do boju o życie
Nie przestawaj trzymaj w siodle fason
I w imię hasła będziemy razem
Walczyć o władzę waszą i naszą.

Hymnów państwowych wielkie plakaty
Na nich litery wyryte ogromne
Co tu jest grane dla kogo i po co
Flagi chorągwie w górze łopocą.

Rytmiczny terror paradne marsze
Dziwne kosztowne bzdurne niczyje
Przypominają czasami farsę
Bębny łomocą syreny race
Ogromny tumult tracimy głowy
Zapominamy co było nasze.

Co to za życie

Mijają godziny była pierwsza jest druga
Ledwie się urodziłeś już ślipkami mrugasz
Nabyłeś imię po dziadku lub po babci onej
Odróżniasz co czarne i co jest zielone.

Nauczyłeś się czytać ukończyłeś klasy
Po drodze narozrabiałeś dostałeś zawiasy
Teraz pracujesz i używasz
Odbywasz pokuty trafił się niewypał
Zanim się obejrzałeś lotny czas umykał.

Żywot twój z czasem zeszedł do ostatku
I teraz spuścił z tonu cóż nie jest tak gładko
Zbytki odeszły na bok i bolą kopytka
Twarzyczka zrobiła się szara ale nie jest brzydka.

Nie podskakujesz jak kiedyś ruchy masz kontrolne
Na laski nie spozierasz tylko się podpierasz
Jutro jak Bóg pozwoli będzie tak powolne
Życie stało się monotonne i bardzo mozolne.

Lepsze i gorsze

Są dni lepsze i gorsze
Noce czarniejsze i widniejsze

Powtórki i niedomówienia
I sprawy większe i mniejsze.

Miarą zdarzeń narodzin i godzin
Jest twór co zowie się prawdą
Ukryty i zdobywany
Kosztowny i dawany za darmo.

Ekonomiczne powidła mydlane bańki
Rażąca bezwzględna buta
Tak smutna nieprawdziwa niekształtna
Bolesnym wyzyskiem osnuta.

Dla wszystkich jednakowe powietrze
I korzec pszenicy jednaki
I prawa i obowiązki
Z boskiej biblijnej książki.

Jesienne brązowe liście

Już wrzesień nadeszła jesień
Lato trzasnęło jak z bata
Wiatr wartko szarżuje powiewa
Listkami z drzew pomiata.

Jabłuszka w sadach kraśnieją
Po zbożach zostało rżysko
A po dorodnych ziemniakach
Widnieje pokopnisko.

Kusząca swym pięknym jesień
Niezapomniana brązowa
Piękna niepowtarzalna
Od nowa

Od nowa
Od nowa.

Bolący ząb

Wspominam to zdarzenie
Skomlenia co się weń wylęgły
Ot tak niespodziewanie
Straciłem aż dwa zęby.

Nie uległem chociaż bardzo się wściekłem
Za sprawą złego bólu
I tak myślałem głośno
Już drugie nie wyrosną.

Bolało trzy tygodnie
Że aż potniały spodnie
I rozsadzało głowę
Aż blokowało mowę.

Zjadałem proszki na bóle
Chowałem się pod łóżko
Oj miałem przerąbane
We śnie dantejskie sceny
Tłukłem się po pościeli
Pan Bóg się ujął za mną
Do piekła mnie nie wzięli.

A na śniadanko płatki
Na obiad luźną papkę
Gdy zerkam do lusterka
Widzę stuletnią babkę.

I to mnie denerwuje

Już nic mnie nie pociesza
Bezzębny młody staruch
Ba starszy od Mojżesza.

Dentysta zdarł kasiory
Niemało co się zowie
Ale co ja przeżyłem
Nikt nigdy się nie dowie.

Jesień

Koniec lata mamy wrzesień
Dni nastają coraz krótsze
Chłodniejsze poranki i noce
Smutniejsze i bardziej ciemniejsze.

Jesień krocząca wytrwale
Dymem zasnute kartoflane pole
Ogarniająca płaszczem mglistym
Sady i domy rzeczne padole.

Pora jesienna szumiąca liśćmi
Z powiewem wiatru muzyką smutną
Sennością korci żwawo urasta
Wchodzi bezwzględnie do wsi i miasta.

Wyrzec się siebie

Wyrzec się siebie
Wybaczyć grzechy niesnaski
Przez mur duchowy się przebić
Nie dostąpić bożej łaski to znaczy nie być.

Nie być człowiekiem w naturze

Nie mieć łask z góry nadanych
To znaczy dołączyć do zdarzeń
Nieznanych i zapomnianych.

Każda istota żywa
Na ziemi spełnia boską wolę
I musi zadanie wypełnić
Jak ziarno wrzucone w rolę.

Miłość i śmierć

Gdyby tak bardzo ważne sprawy wyrównać
Czy da się miłość ze śmiercią porównać
Jedna i druga konieczna ofiarna
Miłość jest kolorowa a śmierci jest czarna.

Miłość zrodzona wytrwała z ciałem połączona
Nad głowami kochanków jak noc posrebrzona
Śmierć kojarzona ze smutkiem czarnością czeluści
Miłość nigdy się nie kończy
Tak jak śmierć nie popuści
Miłością trzeba się dzielić i dobrze wybierać
A śmierci nie zwyciężymy musimy umierać.

Moja poezja trwa

Prawdziwa poezja nie boli
Zawarte w niej radość i smutki
Dialogi na prawdzie oparte
Służą nam czytelnikom
A myśli w nich wiele są warte.

Ci co nie myślą nie czują
Zwolennicy bezimiennej herezji

Po trochu wszystkiego

Nie dojrzą znaczenia wartości
Zawartej w czystej poezji.

Przede mną tak wiele poetów
Pisarzy i myślicieli
Pisało o życiu i bólu
O czasie w którym istnieli.

W poezji mej jest tkliwość zawarta
Nie w zamian nie żądająca
I sprawiedliwość uparta
W odcieniach i barwach
Prawdziwej wolności
Wspomnienia o przeszłych czasach
Minionych wspaniałych wartości.

Ja żyję ciągle nadzieją
Dziś może mój głos niesłyszany
Rozejdzie się jak błyskawica
Rozjaśni moim czytelnikom
Smutne stroskane lica.

Rzeka czasu

Wielka łódź na rwącej fali rzecznej
Dziś wspominam wiosłowaliśmy razem
Młodzi roześmiani wolni
Do pracy i poświęcenia zdolni.

Ranek na horyzoncie dalekim
Rześki chłód i dal mgłą spowita
Co nas czeka na tamtym brzegu
Kogóż można by o to zapytać?

Stanisław Pysek Prusiński

Zostaliśmy razem na życia łodzi
Naciskając coraz mocniej na wiosła
Nasze serca gorące w tym biegu
I dążenia nieprzerwane wytrwałe
Jak w życiu stają nam na drodze
Sprawy duże błahe i małe.

Śmiejmy się

Śmiech jest ważny słodki hoży
On wesołość w nas rozmnoży
Co jest trefne to jest śmieszne
I uchowa cię od szkody
Bo prowadzi do zgody.

Śmieszność śmieszna do rozpuku
To coś jak bleszczenie kota
Z dużej strzelby mało huku
Czy coś w rodzaju seppuku.

Śmiech jest groźny gdy telepie
Z kogoś skórę ci przetrzepie
Na pogrzebie z umarłego
Temu to tam teraz lepiej.

Śmiać się trzeba i to często
Nie dopuścić do zadyszki
Może się wykrzywić buzia
Wysiąść serce wyrwać kiszki.

Śmiać się winno z głupiej gadki
Lecz nigdy do gołej sąsiadki
Bo można podpaść z kretesem
I wyszczekać wilka z lasu

I na śmiech nie wystarczy czasu.

Kapitan udręka

Wygrać wybory i wybrać rząd
Więc wstąpić we chwały obłoki
Na tronie chwiejnym jak ludzki sąd
Wydawać niestałe wyroki.

Posiedliście tak bogaty dział
Dziedzictwo naszych przodków
Lecz zachwyt wasz nie będzie trwał
Gdy zgnilizna buduje się w środku.

To wy czynicie ten wielki gwałt
W duchowej sferze istnienia
On coraz nowy przybiera kształt
I gnębi ludzkie sumienia.

A walka sumień ciągle trwa
Dotyczy to nas i was i mnie i ciebie
A ten zwycięża kto drugiemu da
Najwięcej szacunku od siebie.

Nie zapomnieć

Nie zapomnieć tego co już przeszło
Naprzeciwko ku nowemu wychodzić
Wczuć się w rolę istoty człowieka
Z tym co przyjdzie i może narodzić.

Przemijają i lata i wiosny
Cesarstwa i królestwa przebrzmiały
Dla wszystkich co doczekali się wiosny

Gdyby nie odeszli świat byłby za mały.

Na nic błagania i prośby
Przypisane zdarzenia nadejdą
Wszyscy razem i każdy z osobna
Przez swoje przeznaczenie przejdą.

Ojczyzna jak blizna

Moja ojczyzna została daleko
Wspominam o niej i nie zapominam
Tych wschodów i zachodów słońca
Jak dróżki sennej nie mającej końca.

I w ciemnym mroku dno płytkowe rzeczne
Czasem kłębiące fale niebezpieczne
W górze krążące prawdziwe bociany
Gdzieś w głębi lasu miś błądzi zaspany.

Moja ojczyzna przeżyte w niej lata
W snach i marzeniach tęsknotą się przeplata
Czasem pomyślę być może zgrzeszyłem
Dlaczego tak naprawdę ten kraj opuściłem.

Chamstwo na co dzień

Chamstwo jest w skutkach bałaganem grozą
Zwyczajne chwile tego rodzaju dodają się mnożą
Sprzężone kolące brunatne i chwiejne
Powrozy koślawe ślepe beznadziejne.

Jak wielkimi kroki mnożą się nierządy
Pociągi chamstwa zapchane przedziały
Niewdzięczne zabójcze złą niegodziwością

Po trochu wszystkiego

W teraźniejszych czasach tak bardzo nabrzmiały.

Prawda i kłamstwo dwa różne rodzaje
Trudno to pojąć tylko się wydaje
Wolne od chamstwa chociażby niedziele
Niewielkie kroczki a to już tak wiele.

Szaleństwa młodości

Młodości szaleństw fala przebiegła
Ze stada orłów w siwe gołębie
Urodzaj polny żywych kłosów zboża
Na bezimienne wodniste głębie.

Nikt nie zawinił tu poza czasem
Świece przygasły ogień grzeje
Z iskrą nadziei niezapomniany
Tak bardzo chciany lecz przemijany.

Dawne w pamięci ostre jak brzytwa
Młodości żywe z nami przekwitły
Spoglądam w lustro do siebie warczę
Cóż doigrałeś się młody starcze.

Pysek na urlopie

Dzisiaj w telewizyjnych wiadomościach
 Raniutko nadali
Stasia Pyska po sześćdziesiątce
Na wolne wysłali
Na urlop z przymusu
Do pracy się nie nadawał
Nogi mu się zachwiały to już trzeci zawał.

Pysek jednak to przeżył
Zadecydowały tak niebiosy
Uciekł udało się jemu od śmiertelnej kosy
Siedzi w domu na działce jak na trybunale
Siedząc pod parasolem tworzy poematy
Wierzy że spełni marzenia i będzie bogaty
Sobie kupi lotnisko a Teresce jezioro łabędzie
Kto wierzy mocno to się spełni
      Na pewno tak będzie.

Data końca świata

I znów niesprawdzona kolejna data
Nie było dzisiaj końca świata
A w telewizji trąbiono wszędzie
Dziś miał być koniec ale nie będzie.

Panowie wieszcze i brzydkie wiedźmy
Wy wszyscy dobrze wiecie o jednym
Jak mało prawdy i się mylicie
O czym tu mówić takie jest życie.

Bo jakiś dziwak zwykła ciamajda
Wymyślił absurd twierdzi że prawda
Coś tam przeczytał zmyślił wydumał
Przed końcem rzeczy po prostu umarł.

Koniec z początkiem wiązać potrzeba
Z nieba do piekła z piekła do nieba
Można zadziałać również odwrotnie
Nikt nie rozumie gdy go nie dotknie.

O jesieni słów kilka

Z jesienną pluchą szarzeją ogrody
Dzień stał się krótszy a noce czarniejsze
Chłodem przenika o poranku mglistym
Z powiewem wiatru zimnym i porywistym.

Z pól urodzajnych zboża spichrze pełne
Potężne pługi zaorują glebę
Gorących chlebków puszystych kołaczy
Sklepowych półek zapełnianych dziennie.

Piękna jesieni dzień po dniu co roku
Marzeń i wspomnień po zapadłym zmroku
By przy kominku gorejącego ognia
Odpocząć po trudzie minionego tygodnia.

O Polsce

Ojczyzno Polska opleciona wieńcem
Oblana promienistym świetlanym rumieńcem
Zrodzona i wspierana przez żywego Boga
Zawsze wspaniała rozumna i droga.

Polsko łudzona przez błyskotki różne
Cichą papugą we własnych narodzie
Mówię to z drżeniem i troską o przyszłość
W imię zasady w tym długim wywodzie.

Sępy zewnętrzne wgryzają się w serca
Krew zakrzepnięta często zszargana
Historią długą dziwnie zagmatwana
Czarna od prochu i zdrady tyrana.

Stanisław Pysek Prusiński

Przeklęci rządcy z rodzinnego gniazda
Kręcą i wiją wciąż rózgi wężowe
Wciskając smutek jadowity w mózgi
I sypią popioły na ojczyzny głowę.

Na krańcach ziemi w różnych stronach świata
O mej ojczyźnie słowa płyną ciepłem
Gdziekolwiek jesteś pomyśl proszę czasem
Z tęsknotą za różaną łąką i szumiącym lasem.

O jesieni po troszeczku

W jesiennej szarudze deszcz tłucze w szyby
I światła szarością blask sączy się sennie
Monotonnym łoskotem niedbałym niemrawym
Jak odgłosy stękania na zużytym bębnie.

Marzenia splecione w smutnym korowodzie
W dal płyną płaczące niekształtne okruchy
I wiatru co szarpie i pomiata deszczem
W agonii rozpaczliwe wykonując ruchy.

Ktoś odszedł w dal siną w dzień ponury słotny
Smutkiem otoczony i tak bardzo samotny
A jak szczęście spotkać gdy nie lubi mroku
Na szybach pokrytych deszczem doszukać uroku.

Syreny zawyły pali się w oddali
Ogień strawił zagrodę zabrał życie młode
Gdzie winnych szukać i do kogo zapukać
Obwiniać Boga czy może przyrodę.

Orszak żałobny ramię w ramię z deszczem
Chciałby się rozweselić i pobiegać jeszcze

Przeszkodę ma niebywałą i chodzić nie umie
Zamiast moknąć jak wszyscy odpoczywa w trumnie.

A deszcz nie poprzestaje ten swoje wyczynia
Bezrobotny leży odłogiem upił się jak świnia
A powód wynika z tego że padają deszcze
Nic tu dodać nic ująć a może coś jeszcze.

Pomroczność niejasna

Pomroczność niejasna w wypadku nabyta
A co to takiego warto by zapytać
Sędziego doktora może badylarza
Komu kiedy i dlaczego to się przydarza?

Choroba nazywana pomrocznością niejasną
Posiada swoją historię i przyczynę własną
Dotyka ludzi bogatych i dotkniętych kasą
I nie ma żadnej styczności z robotniczą klasą.

Narąbany polityk w teraźniejszych czasach
Biega beztrosko za tirówką po iglastych lasach
I popuszcza hucjaje z marszałkowskiej laski
Kto ma kasę ten wszystko może i bez żadnej łaski.

Pech chciał las się skończył na wiejskiej żwirówce
Nie zauważył polityk stopu na podwójnym gazie
Przejechał stuletnią babinę połamał drabinę
A z dachu helikopterem zdjęli go w godzinę.

Incydent się odbił szerokim echem w publicznej gazecie
Głośno było o tym i na całym świecie
Babka umarła bo stuletnia przecie
Śmiercią tragiczną zmienioną na własną

A polityk nabył chorobę pomroczność niejasną.

Skarać polityka za starowinę udowodnić winę
Sędzia spisał protokół zrobił srogą minę
Babka otrzymała zawiasy sześć latek na głowę
I skazana dożywotnio na pozagrobowe.

Polityk nadal odwiedza tirówki i portfelem szasta
Takie skutki ma choroba pomroczność niejasna.

Co to jest życie?

Życie jest popisem w parze z życiorysem
Często ogołocone bezbarwne i łyse
Z popytem na miłość i swędzenie skóry
Wszystko co posiadasz od losu planowane z góry.

A kto by i nie pomyślał sprawa to ciekawa
Posiadasz wolną wolę przysługują ci prawa
Czasem na odstąpienie czegoś się skusisz
Ale niestety to czego nie lubisz lecz to zrobić musisz.

Życie oparte na prawdzie śmiechu rzetelności
Targane przez różne problemy że aż pęka głowa
To jakby niedokończona ze sobą rozmowa.

Obdarzony

Obdarzony istnieniem i osobowością
Codziennymi troskami cierpieniem i miłością
Wspólne do teatralnej pieśni nuty
Czasem niezrozumiały poniewierany zaszczuty.

Patrzyłem na pola żniwne i mogilne kopce

Po trochu wszystkiego

Sprawy ludzkie mam w sercu i nie jest mi obce
W uśmiechu dostrzegam troski i dzieła doczesne
Obijałem się o sprawy swawolne i grzeszne.

Czasem myślę sobie czy aby starczy dni moich
Aby wyzbyć się smutku i słabości swoich
A pieśń życia się toczy w harmonii i składzie
Niestety i z biegiem czasu kłody w poprzek kładzie.

Jak oszacować życie w sposób prosty jasny
A tak właściwie to świat wygląda inaczej
Niżeli ten mój własny.

Duch abdykował

Zatrwożyło się serce człowieczka
Jak do jutra przeżyć?
Skąd wziąć na to energię dla serca
W które drzwi zapukać
Nocka jest bardzo ciemna
Gdzie tam tlenu szukać?

Rozgląda się do pokoju
Wywraca szuflady
Nie przeżyje do rana
Pewnie nie da rady.

Ale jaja duch pomyślał
Gościu się nie rusza
Mina mu całkiem zrzedła
Nic go już nie wzrusza.

Serce już bić przestaje
Kolegą nie telepie

A co tam duch pójdę już sobie
Niech mu będzie lepiej.

A niech odpocznie biedaczek
Na próżno go budzić
Nie ma potrzeby go wskrzeszać
By się musiał trudzić.

Szczęście w nieszczęściu

Szczęście nieszczęściem się stało
Normalność życiową wywiało
Nastała histeria i próżnia
Jakoby bez ognia kuźnia.

Zawiodły przekręty i gierki
Popsuło zamiary karteli
Nierówno podzielone cukierki
I wtedy to za łby się wzięli.

A co w tym najbardziej zatrważa
I wiele nieszczęścia przysparza
W tej grze to już nic się nie liczy
Jak pies bez kagańca i smyczy.

Teorią jest równość głoszona
W praktyce nie zawsze się sprawdza
Zanika i godność i duma
Rzetelność uczciwość i prawda.

Duch i ciało

Kiedy ciało zawodzi ducha
Bo buntuje się wielokrotnie

Po trochu wszystkiego

Wówczas dusza przechodzi katusze
Gorzej jeśli się dzieje odwrotnie.

Pal to licho duszyczka odrzekła
Ostatnia i nie odkryta jeszcze karta
Druga strona ja twojego
Zostanie ponownie rozdarta.

Zawiodły nerwy na wodzy
Żale groźby i głośne lamenty
I rozstało się ciało z duchem
W różne strony nicości odmęty.

Było minęło już nie wrócisz
Z prochu powstałeś i w proch się obrócisz
Bez znaczenia czy jesteś pan czy sługa
Pieśń skończona
Czy rozpocznie się druga?

Niemowa i niebo

Zatrzymał się głuchoniemy
Pod niebiańskim progiem
Na górze wisiała tabliczka z napisem
         Przekroczysz próg do nieba
         Tylko po rozmowie z Bogiem.

Cóż miał czynić ten człowiek
Nie mówił nie słyszał
I jaki mógłby być wynik
Tej z Bogiem rozmowy
Nie stać go było zapłacić na ziemi
Za język migowy.

Co w tym wypadku miał uczynić Bóg
Co z niemym się stanie?
Problem to bardzo ważny
Kolejne pytanie.

Żeby duszy tego człeka
Na zawsze nie zgubić
Wysłano go z powrotem na ziemię
By się uczył mówić.

Ale gorzej jest się nauczyć słyszeć
Gdy mówią do ciebie
Najlepiej i najkorzystniej milczeć
Gdy coś chcą od ciebie.

Bez tematu

Skąd na życie pomysł wziąć
By stało się miło i słodkie
Urodzić się w rodzinie milionerów
Mieć bogatego wujka i ciotkę.

Zaczynać od kolebki bujanej
Przez panią za dużą kasę
W ciągu roku zaliczyć siedem
I skończyć ósmą klasę.

Studia skończyć bez trudu
Trafić do Hollywoodu i w porę
Zostać nieprzeciętnym aktorem
Teraz dopiero zaczęło się prawdziwe udawanie
Raz cesarzem czasami być zbójem
Za pieniądze ktoś z radością mnie opluje
A role bywają tak zawiłe

Trzeba często pokazywać tyłek.

Zna się na tym i owym
Pomyślał o pracy politycznej
Gadkę ma bardzo gładką
Umie udawać i kłamać
Złożył propozycję o pracę przyjęli chama

Patrzy pyta co każą przeczyta
Chociaż jest już niemłodym ale prezydentem
Bogatym doświadczonym tatą
Co wy na to?
Poglądy rodzą się same
I często nie potrzeba tematu.

Za nami

Pory roku za nami
Wiele dni słonecznych i mroźnych przemknęło
Czas upłynął jak woda strumienia
Trwa walka o życiowe dzieło.

Roczne święta rocznice i posty
Rozpusta zmagania się ze samym sobą
Bezduszne i powikłane problemy
Okalające nas nie ozdobią.

A przed nami przypuszczenia i nic nie ma
A co nastąpi niestety nie wiemy
My mądrzy i przewidujący ale czasowi ludzie
Na ogromnej żywicielce matce ziemi.

Ubogi biedak

Pewien biedak tak się wystudził
Umarł w dzień się nie obudził
Ale w nocy to miał sen
Że umarł w nocy nie w dzień.

Jak to mogło być naprawdę?
Myśli biedny przetarł oczy
Co to jest czy noc czy dzień
Nic nie widać tylko cień.

I zrozumiał że miał przydział
Umarł lecz tego nie widział
Z biedy głodu i po prostu
Z miłości do Boga i postu.

Między poduszką

Między poduszką a snem jest pustka
W głowie tworzą się bezładne sceny
Zmanipulowane wydarzenia nijakie
Coś takiego bez praktycznej wyceny.

Sen prawda rzeczywistość farsa
Na przemyślenia i czasu nie wystarcza
Operacje duchowe różnorakie
Obłędne przekłamane serenady
Niespotykane myślowe plejady.

Zapełnione sforą przemyśleń przestrzenie
Między mózgiem a puchową poduszką
To coś czego nie pojmujemy
Musi dźwigać pospolite łóżko.

Blady strach

Strach powstał z ognia wody
Jest nam powszechnie wszystkim znajomy
Jest nieodłączny w życiu na co dzień
A nawet w nocy w snach się pojawia
Wyrasta z ziemi z gąszcza wyskoczy
Ma wielkie zęby i duże oczy.

Straszne są chwile w biegu naturze
Człowiek je stwarza małe i duże
W myślach na co dzień ze strachem się mota
Strach się nie boi sierpa i młota.

Nerwy rujnuje chęci przekręca
Ba nad sumieniem się często znęca
A kiedy kończy się widmo strachu
Gdy cię zakopią do piachu brachu.

Czego się spodziewać?

Dążąc do czegoś co nic nie znaczy
Co jest jak się później okaże nic nie warte
Mijając po drodze wodne słupy
Na tle zmurszałej rdzą pokryte skorupy.

Na nic nie bacząc i nigdy z umiarem
W pogoni za bogactwem i fortuną
Składamy z życia ofiarę
Obdzierający się z godności i rozumu.

Nagle zawał rak płuca wysiadła trzustka
Wielka trwoga żal do kogoś i nastała pustka

Zmieni się na lepszy czy się spieprzy
Domniemania zabrakło czasu
Pytania i brak odpowiedzi
Jakieś licho w milczeniu siedzi.

Pytania bez odpowiedzi

W obliczu tego co zwie się prawdą
Ciągle przewija się problem skrycie
Dążność do czegoś co nie ma reguł
I się nazywa zwyczajnie życiem.

Minionych epok w kartach historii
Cywilizacji zawartych w czasie
Nikt nie jest w stanie ułożyć w całość
I stąd ta małość.

Przenieść czasowo ku nieznanemu
Czegoś się może więcej dowiedzieć
Zadać pytania tylko do kogo?
I czekać ciągle na odpowiedzi.

Królowa nerwów

Krnąbrna i roztrzęsiona jak galareta
Nerwicą nazwana
Obarcza umysł i niszczy wnętrza
Wrogość i smutek rozgoryczenie
To co najgorsze płodzi powiększa.

Wplątana w nasze życie codzienne
Pręży się krząta buntuje kuca
Zasiewa wrogość nienawiść butę
Niespotykane wrogą pokutę.

Kosmate myśli i smutne lica
Królowa smutku szara nerwica
Idzie za ciosem podąża z losem
W stłoczonych myślach żniwnym pokosem.

Bezbożnicy

Na ulicach domach w piwnicy na plaży
Niecierpliwi przekłamani zbyteczni
Zadufani w sobie niecierpliwi i chciwi
Beznadziejni pomyleni i niebezpieczni.

To ci którym nie dana była wiara
W cokolwiek co kojarzy się pokorą
Widzący tylko siebie na planie
Zatwardziali sodomą i gomorą.

Typowani do nagród wyróżnieni
Kiełbasianą sytuacyjną prowokacją
Zamknięci w sobie zagubieni
Z przekłamaną bez przyszłości racją.

Wypadł z gry

Wypadł z gry i stał się frajerem
Sprzedaje po cichu marychę
Do pracy dojeżdża rowerem
Nie głosuje teraz siedzi cicho.

Nie udało się dojść do szczytu władzy
Siedzi za piecem i już się tak nie sadzi
Wspomina czasy dojne i te dobre
Jak przedawkuje to zabrudzi kołdrę.

Luksus rozkosz i wszystko przepadło
Udaje teraz że nic nie pamięta
Czasem o chłodzie na głodzie
Sięgnie dłonią i podejmie z ziemi skręta.

Ballada o życiu

Na faktach na taktach w lustrzanym błękicie
Myśl biegnie z impetem przewija się przez życie
Karmiona codzienność strumieniem otacza
I ciągle zadania przed nami wyznacza
Wypełnia po brzegi prostuje zdumiewa
Do tańca zaprasza kłopoty rozwiewa.

Ballada o życiu powszednim zwyczajnym
Opartym na wierze pragnieniach i cnocie
I chwile spędzone w pielgrzymce na ziemi
Polubień i westchnień wykrzyczanych krocie.

Do spółki

Ostro szastają kasą
Jeżdżą szybką drogą koleją
Na wiecach z niczego się śmieją
I ten błysk fleszy i w uszach drogie klipy
Na ekranach na co dzień
 Czy tu nie ma lipy.

Przemówienia słowa suche i nie nowe
Wszystko zmyślone nie na zdrową głowę
Bezmyślne o niczym rozmowy
O tym co być powinno nie ma tam mowy.

To oni manekiny w krawatach
Modne sukmany i suknie w barwnych kwiatach
Na piersiach wiszą złote broszki i medale
Za mamonę dusze zaprzedane.

Jazda po konflikcie

Ach jak to było tak pięknie i niedawno
Szybkie koleje kabriolety tańce muzyka wesoła
Nagle krach dym i zgrzyt nieopamiętanie
Wszystko to nie nadaje się do użytku
Klamka zapadła
Wycofano z produkcji koła i pojazdy
Nic teraz nie nadaje się do jazdy.

Na przodzie wół posuwa się mozolnie
Tak wygląda krajobraz po trzeciej wojnie
Zniknęły znaki zakazy i radary
Świat zrobił się ponury i szary.

Nie chce reszty

Nie chce reszty brzydzi się kasą
On patrzy w czeluści niebieskie
Walczy z czasem i dziwnie zachowuje
Jak nie zwyczajny pospolity matoł.

Węże ma w myślach i krwawe obrazy
Zwarzone wątki i dantejskie sceny
Twarzy szara jak kurtka stara
Kupiona na bazarze z przeceny.

Wyobraźnia w nim dosięgła zenitu
Pomyślał to wszystko jest do kitu

Stanisław Pysek Prusiński

Do kościoła wtargnął z energią szatańską
I strzałami przerwał modlitwę pańską.

Krwawe dzieło pozostawił po sobie
Za późno w łeb sobie palnął z gestem
I wtedy pomyślał bestyja
Oczekiwałeś mnie szatanie więc jestem.

Ochłapy

Ktoś udziela się publicznie
Jest na czasie politycznie
Na urzędzie gdzieś na górze
Robi dziury zwykle w chmurze.

Duży ofis jakieś mapy
Sejf pancerny w środku many
A w piwnicach są ochłapy
Kiełbasa i stare łachmany.

Przeznaczone dla pospólstwa
Tłum nędzarzy poniżany
Polityka jak zakała
Bujają że głowa mała.

Z góry już można przewidzieć
Dół się musi za nich wstydzić
Kłamać w oczy i za uszy
Umarłego to poruszy
Robić siebie wizjonerem
Gdy się jest zwyczajnym zerem.

Być wzorem

Dla kogo dlaczego i po co?
Do snu ścielić codziennie kanapę
Ubierać się rozbierać i odwrotnie
Na zegarek spoglądać i na mapę.

Często w myślach łowić ryby tak na niby
Wymarzyć ferrari albo fiata
I nie być nikomu ciężarem
Odłożyć grosz na stare lata.

Być wzorem to korzystać czy trafić
Akurat przypadkowo się wzbogacić
I nabyć nad morzem dużą farmę
Za grosiki zapracowane nie za darmo.

Być dobrym dla przyjaciół i dla siebie
Nie grymasić lecz pomóc w potrzebie
I dzielić się chlebem i dobrocią
A z drugiej strony pomyśleć tylko po co?

Lipa klapa bajer

Bajer może dużo pomóc
Co wynika z tego lipa
Pusty bajer wietrzy klapę
I ten sposób tworzy rację
Nową lipną sytuację.

Żeby opanować bajer
Musi się utrudzić frajer
Czasem to się jemu uda
Bo często zdarzają się cuda.

Ludzie teraz coraz częściej
Wierzą w każdą prostą lipę
I głosują za frajerem
Co ogarnia świat bajerem.

Bajer teraz jest na czasie
Jest go teraz coraz więcej
Na okrzyk kto za bajerem
Widać w górze wszystkie ręce.

Na ekranie znów przegięcie
Opinia nie do przyjęcia
Koza gdzieś od leśniczówki
Poślubiła dzisiaj księcia.

Frajer ciągle to powtarza
Niedźwiedź spieprzył od ołtarza.
Co jest grane się połapał
Brak wesela lipna klapa.

Apelacje z góry

Apelują ci z góry do tych z dołu
Pomarszczonych i czarnych od sadzy
Przejrzyjcie wy z dołu na oczy
Teraz wszystko zależy od władzy.

Gdzie jest racja i prawda ta stara
A tak trudno się o wszystko spierać
Zostać w tyle i przyklaskiwać tym na górze
I co jest niemądre popierać.

I wymyka się po spod kontroli

Po trochu wszystkiego

Pęka duma i prawda zaboli
Wszczepiono w kark sztucznego chipa
Wołasz głośno domagasz się a tu lipa.

W środku nocy zabrali nago z łóżka
Zwyczajna czasowa zawieruszka
Nie słuchałeś co ci przepowiedziała wróżka
Że czeka ciebie koszmar i przystuszka.

Papiery

Na cóż wam papiery ludzie
Jak ta sprawa dalej pójdzie
To papiery będą górą
I zacznie się problem z naturą.

Gdzie nie spojrzeć to plastyki
Różnego gatunku folie
Stosy śmietniska odpady
Zagnieżdżają się owady.

Przyroda woła o pomoc
Human pozostaje głuchy
Rewolucja przemysłowa odcisnęła straszne piętno
W lasach w miastach na wsi w parkach
Ginie kultura i piękno.

A papierom wszystko jedno
Fruwają na wietrze i bledną
Ekolodzy grzmią na trwogę
Aż żal ściska już nie mogę.

Przybądź dobroci dziękuję

Obojętnie o której porze
W nocy w dzień czy o poranku
Przybądź do mnie dobroci wesoła
Oświeć i doprowadź do połysku
Mnie takiego przeciętnego matoła.

Nici z tego i pewnie nic nie będzie
I czuję się zawiedziony w tym względzie
I tym razem na pewno kosza dostanę
O północy w południe czy nad ranem.

Nagle dziwna się jasność rozbłysła
Przez otwarte drzwi wymarzona dobroć przyszła
Wesoła wspaniała że przyłóż do rany
Moja żona wróciła z pracy z nocnej zmiany.

Przesunąłem się aż do krawędzi łóżka
Otworzyłem oczy nie zawiodła mnie wróżka
Przytuliłem moją dobroć kochaną
Z wymarzoną tęsknotą wyczekiwaną.

Laboratorium czasu

Laboratoria na całym świecie
Skupiają wiedzę próbek tysiące
Badamy kosmos zwiedzamy Marsa
Sprawdzamy nasze słońce świecące.

Czyniąc badania eksperymenty
By wynalazki światu obwieścić
Musimy o tym również pamiętać
Żeby ten sukces w czasie pomieścić.

Teoria przodem później praktyka
Martwić będziemy się już po czasie
Dobrze by było trzeba przemyśleć
Laboratorium czasu wymyślić.

Produkcja czasu i problem z głowy
Czas został z nami przez wszystkie lata
I nie ulata i go nie łechce
Bo mu się nie chce.

Z rannym szelestem

Dzisiaj w nocy miałem sen zły taki
Śniły mi się i pełzające koślawe robaki
Na otrębach sypanych do garnka
Przebrała się miarka.

Pogoda za oknem nie jest najlepsza
W płucach brakuje powietrza
Serce już ledwie tyka
Jeszcze chwila i pozbędą się skurczybyka.

Wyniosą go na pole otworzą rolę
I czapa zatrzaśnięta klapa
Z rannym szelestem otwieram oczy
Udało się jestem.

Pomyślałem chłoptasiu głowa do góry
Nie martw się pogłaszcz się po czuprynie
Co było to przyszło a co nie było
Przybędzie i też minie.

Końcówka

Utarły się z dawien dawna
Takie słowa koniec świata
Koniec bytu ludzi miast i wiosek
Orzeczone jednym głosem.

Inwestor przestał dokładać
Nie inwestuje w życie
Stop muzyka film się kończy
Tupnięcia i gradobicie.

Dążenia do czegoś wielkiego
Tak po prostu się przeżarły
Wyprodukowane ładunki jądrowe
W górze ze sobą się starły.

Na ekranach dym i kurz
Koniec ziemi jest tuż tuż
Nie zatrzyma fali zgrzytu
Brak podaży i popytu.

Drogi do nieba

Czy ktoś kiedy do nieba drogi policzy
Wskaże palcem najkrótsze prawdziwe
Z rzetelnością bez niepokojów
Bez zapłaty zwyczajnie uczciwie.

Dróg do nieba tak wiele prowadzi
Luksusowych wymyślnych i krętych
Ale nigdy nikt nie odgadnie
Co go może spotkać tuż za zakrętem.

Po trochu wszystkiego

Niebo nam się kojarzy z wiecznością
I początek się na ziemi zaczyna
Tylko stwarza się proste pytanie
Dlaczego człowiek tak kurczowo ziemi się trzyma.

Coś go boli choruje się i wścieka
Materialnie na ziemi się wzbogaca
Leczy gdy jego czas kiedyś nadejdzie
To przed pójściem do nieba ma kaca.

Tak sobie

Nic z tego sobie nie robię
Nie dbam o zdrowie boso w zimę chodzę
Choć mróz w pięty mnie łechce
Butów mi się włożyć nie chce.

Wróżyłem sobie w karty
Że trafię szóstkę w totka
Niedługo po wygranej
Swą pierwszą miłość spotkam.

I stałem się uprzejmy
Chcąc wszystkie sprawy dopiąć
Postanowiłem kiedyś
By sam się w tyłek kopnąć.

Niestety i to mi nie wyszło
Tylko obtarłem pyska
Tak sobie pomyślałem
Skończyły się igrzyska.

Marzenia moje prysły
I koniec prawie bliski

Muszę zaczynać wszystko
Po prostu od kołyski.

Tereska i spełnione sny

Tereskę na spanie tęsknota ujęła
Oczki jej mrużą się miękną od cienia
Buźka zrobiła się jej miło mniema
I powolutku w źrenicach zaciemnia.

Śpij śpij śpij kochanie
A w tęsknoty bramie
Pojawi się biały pluszowy miś
Niech ci się we śnie spełniają marzenia już dziś.

Tereska poprawia poduszki paluszkiem
I podrapała się lekko za uszkiem
Zrobiła hop siupa pod kołdrę
I spanko porwało milutką na dobre.

Śpi smacznie Tereska i marzy o wiośnie
Śni o kwiatuszkach na parapecie
Wraz z różyczkami w jednym duecie
To najpiękniejsze kwiaty na świecie.

Nasza Tereska to dama kwiatowa
Szepcze do kwiatków najczulsze słowa
W niebieskim domeczku na Princeton Piku
Dużo się dzieje dobrego od nowa.

Pan i nie pan

Dawno temu przed wieloma laty
Panem nazywał się ktoś bogaty

Po trochu wszystkiego

Tak pan był królem silnym rycerzem
Skąd więc przywilej dla tych się bierze.

Oni są wolni bardzo bogaci
Senatorowie wodzowie kaci
Władza przechodzi z ojca na syna
Taka rodzina ochronę miała
Czeladź się państwu do nóg kłaniała.

Pan i niewolnik różne gatunki
I wielkie wojny gwałty rabunki
Minęły czasy nie ma poddaństwa
W nową się formę wcieliła państwa.

Państwo to wszyscy na górze władza
Władzę rządzącą pycha rozsadza
Dziś prezydenci pyszni nadęci
Tym z dobrobytu w głowach się kręci.

Prawo dla wszystkich niejednakowe
Władza po prostu wciska ciemnotę
Jak ktoś podskoczy to go się niszczy
I po kłopocie a niech tam piszczy.

Cóż więc widzimy naszych i waszych
Niedouczonych piekłem się straszy
Wieśniak podzielił jajo na części
Pokornie czeka aż mnich poświęci.

Za poświęcenie chce żyta ćwiartkę
Nie zrobisz tego to przegniesz miarkę
Czeka cię piekło czy kara jaka
Takie jest życie tego wieśniaka.

Kończąc te myśli i nacisk kładę
Lepiej być panem a nigdy dziadem
Albo odwrotnie dziadem nie panem
W drugim przypadku jest przerąbane.

Rąbnąć

Rąbnąć i z wypełnionej michy zakąsić
W święta rocznice błogie i ciche
Głośno nie ryczeć wygłupiać się dąsać
Z jakiejś zwyczajnej podróby wódy
Czynić bezecne głupie rozróby.

A na biesiadach problemy duże
Głowa na dole a nogi w górze
Przydrożna brzoza została ścięta
Gość tak się spieszył na roczne święta.

Święty niedzielny poranek cichy
Kacunio męczy pełne kielichy
Było przegięcie i długo trzyma
Taki pożytek z parafianina.

Zamiast na tacę na wódę traci
Czy to działanie ten ktoś wybaczy
Rąbnąć na miarę trzeba łobuzie
I nie zagryzać lecz wytrzeć buzię.

Cieszyć

Umieć się cieszyć o tak po prostu
To nie zależy nigdy od wzrostu
Inteligencji czy też potencji.
W takiej typowej nam egzystencji.

Budzisz się rankiem mina wesoła
To nic że czeka praca czy szkoła
Ukłoń się światu z przyjaznym gestem
Cieszę się że żyję po prostu jestem.

Kim jestem

Kim jestem?
Wiem czy kiedyś byłem?
To co się dzieje
Moje nadzieje.

Czas wymyślony trzeba pokonać
Odejść od czegoś i nie dokonać
Unikać czegoś co pomieszane
Często fałszywie jest przeplatane.

Domyślać twierdzić przepisy stwarzać
I na okrągło wszystko powtarzać
Z uporem zwykłej ludzkiej fantazji
Przy byle o tak jakiejś okazji.

Za wszelką cenę dobra doczesne
Depcząc po drodze co pożyteczne
Jest bardzo modne ale bolesne.
Co się okaże i niebezpieczne.

Rozprawa

Był towarzyszem i służył partii
I zasłużonym dziś się nie martwi
Został skazany na dożywocie
I w ciemnej celi dożywa w błocie.

Swojego szefa mądrego w wiedzy
Zdradzili szkoda jego koledzy
Oni po prostu tak się wypieli
I go po prostu o tak zamknęli.

W głębokiej grocie z dala od miasta
Ogromne wycie ludzka hałastra
Przejęła stery i nowa władza
W wielką się walkę i bunt przeradza.

Wierny niewinny towarzysz Wiesław
Skuty w łańcuchach cichy i głuchy
Wyszeptał rankiem i oddał ducha
Odszedł na zawsze Bóg go wysłucha.

Witamina Si

Z sekundy na minutę z minuty na godzinę
Rewelacja hura mamy nową witaminę
Nazywa się Si
Ona i tylko ona pomoże ci.

Reklama prawdziwa mówię ci
Użyjesz Si zrobi się ciepło
W środku ominie cię bieda i piekło
To cię podnieci zalecana dla dzieci.

O każdej porze roku do nabycia w aptece
Nie trzeba nawet pytać po spożyciu łatwiej sikać
Strach mija w dwie minuty
Uwierzysz w siebie rozejdą się nawet buty
Uspokoi nawet wkurzoną na lwa antylopę
Często używaj Si

Bądź chłopem.

Recepta

Doktor Korepta i jego recepta
Napisana o siódmej we wtorek rano
Stu dwudziestu dwóch pacjentów za ścianą
To się mało zdarza ale jak się ma dobrego lekarza.

Przed spożyciem ulotka
Przeczytaj dowiesz się co ciebie spotka
Chory jesteś gamoniu
Nie wychodź boso z domu
To nic ci się nie stanie pacanie.

Do czoła przyłóż lodu
Sporządź mleko dolej miodu
Nie stękaj staraj się nie robić smrodu
Antybiotyk popija się gorącą wodą.

Czujesz że to działa buch na łóżko
Przykryj się kołderką
Syberyjską wełną z beli
Schowaj się by ciebie nie widzieli.

Słyszysz się teraz łobuzie
Co ci tak wykrzywia buzię
Wyleczony jesteś sknero
Ciśnienie się skończyło tętno mamy zero.

Wyzdrowiałeś cieszę się wielce
Ze szczęścia aż oniemiałeś
Wierzę że już nic ci nie potrzeba
Nie będziesz już stał do mnie jutro w kolejce.

Wstań i kuj

Stój i kuj
Rób to by wszyscy poczuli kucie
Patrz na słońce uderzaj tak bez przerwy
A żelazo rozżarzone hartuj
Przy pomocy potu opanuj nerwy.

Nic to że szczęka ci opadła
Tłuszcz rozgrzany spływa z sadła
Słuchaj przyjacielu mój
Nie przerywaj dalej kuj.

Oni wszyscy popatrzyli
I do kucia dołączyli
W nowych ciałach więcej werwy
Więc dogonić cię próbują.

Nagle stop zacząłeś pluć
Nie masz siły dalej kuć
Straciłeś czucie przez kucie
W głowie mroczno dziury w bucie.

Oni gdy stracili wzór
Wyrzucili go za mur.

Smog

Smog przebrzydły nas napieprza
Zanieczyszczenie powietrza
Dym wytwarza zwykle huta
I chmura zarazków wypluta.

Po trochu wszystkiego

Powietrze staje się gęste
Nie pomogą filtry
Maski i osłony dymne.

Bestia dym szkodzi dziewczynie
I potargał jej brodawki
Babcię w parku przydymiło
Biedaczka aż spadła z ławki

Dzieci w klasie piszą bzdury
Przez dym który tam przenika
Drzwi sufity okiennice
Strach aż wyjrzeć na ulicę.

Nieprzyjemny ten dym podły
We świątyniach zaciemniło
Słychać śpiewy głośne modły
Czasem szefa też zatyka
Tak się on smoka nałyka.

Gdańsk Warszawa cały Kraków
Skały aż zaczęły pękać
Zadymiony wracasz z pracy
Nie chcesz ale musisz stękać.

A co na to mówią inni
Nam nie szkodzi szkodzi winnym
Nie chcą to niech nie wąchają
Nie stać ich na dobry opał
To niech uciekają z kraju.

Nie masz wyjścia musisz wąchać
Gumą i butami palić
Skoro nie stać cię na gaz

Może już ostatni raz.

Labirynt życia

Istota życia pragnień miłości
Wiele jest pytań i niejasności
To wszystko proste jakby widzialne
W rzeczywistości nieosiągalne.

Znać całą prawdę czy to możliwe
Co wyobraźni naszej przewodzi
W realizacji się nie układa
Spełznie na niczym i gdzieś przepada.

Zabawnym może być dociekanie
Co mamy teraz a co się stanie
I choćby dwoić troić się przyszło
Szanse są liche marzenia prysną.

Czar

Oczarowany przez piękne oczy dziewczęce
Podarowałeś jej piękne kaczeńce
Na powitanie nagłe olśnienie
Dziwne uczucie tworzy rumieńce.

Chcesz poznać jej duchowe wnętrze
To coś jest niezależne od upartej twojej woli
I odrzucony zostałeś nie wiesz dlaczego
To tak bardzo boli.

Zapewnienia o miłości nie znalazły gruntu
I stąd wyrazy buntu
Zawiodły nadzieje spaliło na panewce

Żyć się nie chce.

Boginie

Piękne boginie dziewczyny do wyboru
Biegające na wybiegu
W różnych odległościach i w szeregu.

W kuluarach przyciszone szepty
Wróżbiane przekładane karty
Sztuczne ukłony kochanki
Żony wielbiciele krytycy politycy.

Jest pierwsza dama na wybiegu
Na widok rozkołysanego ciała
Widownia cała zadrżała.

Nie żałuj

Nie żałować tego
Co się nigdy nie wydarzy
Ukryć się w cieniu
Kiedy słońce praży.

A może tak beztrosko biegać
Po rozpalonym piasku na pustyni
Za to co się nigdy
Nie jest w stanie winić
Być myślowym niedołęgą
Uganiać się za myślami
Za światła błękitną wstęgą.

I błądzić pustym wzrokiem
Po wielkim bezkresnym niebie

Szkoda tracisz czas
Nikt tam nie czeka na ciebie.

Nagle porażony losu zwykłego ciosem
Porwany przez falę wichru
Gdzieś dziwną opróżnioną ciszę
Znikasz tak po prostu.

Daremnie wołając o pomoc
W tej bezdennej matni
Nie przejmuj się tą chwilą
Nie jesteś ostatni.

I mamy zimę

O proszę nastała zima
Dziś spadł pierwszy puszysty śnieg
Skąd taka nagła zmiana
Okolicznościowy zbieg.

Na dworze wiatr się dąsa
Gałęzie drzew kąsa
Kot schował się a piecem
Pies zamknął się w swojej budzie
O jejku ale biało
Dziwią się wszyscy ludzie.

A o wypadek łatwo
W nocy zerwało linki
I dziadka prąd popieścił
Więc skrył się pod pierzynki.

Koń schował się pod wozem
Chleba zabrakło w sklepie

Po trochu wszystkiego

Wójt gwizdnął się na schodach
Godzinę nim telepie.

Woda zamarzła w kranie
Kościół zamknięty z rana
Kto dziś zapali świece?
Kto zagra na organach?

Oj rzekła sroga zima
Nie ujdzie wam na sucho
Czapeczki nie założysz
Możesz odmrozić ucho.

To nic że bardzo mroźno
Że śnieżek sypie z rana
Dziś szkoła jest zamknięta
Możemy ulepić bałwana.

Bać się

Co by to było gdyby nie było
Pędu do życia i silnej woli
Trzeba więc wierzyć kochać i marzyć
To nic że czasem głowa rozboli.

Złapałeś stresa być może suszy
Czasem się w oczko cosik zaprószy
Zegnie podagra zamknęli szwagra
Podsłuch założą lub ktoś cię nagra
Woda jest w studni zabrakło wiadra.

Coś nabroiłeś ktoś ciebie straszy
O nowym aucie pomarzyć tylko
Snujesz się dziwnie otumaniony

Jakby w środeczku ukłuty szpilką.

Wieczór nadchodzi apokalipsa
Niespodziewanie kochanka przyszła
I oznajmiła że w ciążę zaszła
I twoja biedna gwiazda nagle zgasła.

Kiedy jest prawda więc jej nie kryjmy
Że tak się stało to nie my winni
Świat jest bezładny pełen patosu
Trzeba uważać nie kusić losu
Życie jest piękne kiedy jest własne
To nic że bieda i buty ciasne.

Sól

Sól ziemi czarnej i wytworzona
To ma po prostu właściwość taką
Której czasami zapomnisz kupić
Możesz niechybnie zarwać drapaką.

Sól ta do smaku posypać się każe
W domowej kuchni przydrożnym barze
Niszczy bakterie wszelkie zarazki
Musisz ją nabyć nie robić łaski.

Czyś jest bogaty może ubogi
Dodasz do wody masz smukłe nogi
Dobra na mrozy i jezdnię gładką
I jest niezbędna wraz z ziemią matką.

Fortuna

Znika fortuna gasną nadzieje

Po trochu wszystkiego

Czas się wydłuża a w gardle sucho
Myśli się kłębią zapaść narasta
Coś się buntuje i gorycz wzrasta.

Na koncie pusto zero w portfelu
Hakerzy lipnie kasę zgarnęli
W głębi podwórka słychać mazurka
Kot zaczajony przy mysiej dziurze
Głupie napisy na szarym murze.

Przechodniu czytasz o k... mać
Kogoś zarżnęli aż strach się bać
Pijak niemrawo dźwiga się ze śmieci
Wokół biegają obdarte dzieci.

Po drugiej stronie przy tej ulicy
Płot kuty młotem i brama wielka
Wartownik groźną przyjmuje minę
Strasząc patrzących swoim karabinem.

Czy to w Paryżu czy w Montrealu
Tylko fortuna teraz się liczy
Kto jest bogaty posiądzie więcej
A z ubogimi nikt się nie liczy.

Żebraka we śnie przejechał walec
W ostatniej chwili ujrzał bez głowy
A był to właśnie jak zapamiętał
U lewej ręki palec środkowy.

Robociarz stracił w maszynie nogę
Pół grosza dostał na zapomogę
Praczkę już nie stać na suchą wodę
Emeryt z flagą wyszedł na drogę.

Któż dziś różnice fortun wyrówna
Zbierze z ulicy spleśniałe g...
Widocznie musi być tak na świecie
Fortuna nie jest dla wszystkich przecie.

Mamy go

To nie teoria to sieć zawisła
Bo to się dzieje normalność prysła
Gdzieś zapodziało ludzkie zasady
Trzeba z tym walczyć jakie są rady?

Tuż po wyborach stąd nowa władza
Na niezłe stołki tyłki posadza
I hulaj dusza biurko się rusza
Jak na to patrzę nerwy popuszcza.

Szef po zebraniu do późnej nocy
Wysiadł nad ranem z wielkiej karocy
Bo na obradach i wsparciu czarcia
Wóda się lała i michy żarcia
Upadł na barłóg i dostał parcia.

I na sedesie wnet oprzytomniał
Tak pewne rzeczy sobie przypomniał
Przyszło to nagle jak na spowiedzi
Czemu to jego kumpel nie siedzi.

Bo razem kradli już za komuny
Nie jeden przez nich trafił do trumny
I nie powinien być z tego dumny
A żeby wszystko tak załagodzić
Trzeba się przyjrzeć i spraw dochodzić

Po trochu wszystkiego

I jak najszybciej tę sprawę zamknąć
Najlepiej sprzątnąć nim się połapie
I przed publiką coś tam wychlapie.

Jeden telefon i do bezpieki
Że dziwne sprawy podsłuch przecieki
I przyjaciela wypchnąć z kolumny
Włożyć niebawem do zwykłej trumny.

Godzina szósta tak wcześnie rano
Antyterrorów siedmiu za ścianą
Użyli przy tym głośnego huku
Sceny filmowe na głowę worek.

Wielki na klatce zrobił się korek
Żonę zabrali perły zwinęli
Na nic protesty dzieciaków babki
Gościa skutego zwlekli z klatki.

I sąd natychmiast salę zamknęli
Musiał się przyznać pałą przyleli
Podali gana niech się zastrzeli
I bardzo przykro bo to we święta
Zamek zazgrzytał już nie pamięta.

Pastor go nazajutrz święcił z reklamy
A wygląd klechy też podejrzany
We szramach buzia i oczy małe
Z boku kropidło przykrywa pałę.

I tak to bywa pogrzeb się odbył
Gość przyjaciela dawnego się pozbył
Co razem kradli przez całe życie
Tak to się dzieje sami widzicie.

Lecz czy to aby postąpił ładnie
Teraz sam rządzi dla siebie kradnie
Dalej szmugluje robi przekręty
Pewnie niedługo zostanie świętym.

Czasowy pan

To jest prawdziwe nie żaden drymał
Tak się zdarzyło czas się zatrzymał
W tamtą sobotę z samego rana
A za przyczyną pewnego pana.

Pan był przystojny średniego wzrostu
Nigdy nie golił z twarzy zarostu
Był samotnikiem mieszkał pod lasem
A jak kłopoty miał to tylko z czasem.

Biegał po lesie liczył zwierzęta
Nie miał zegarka i nie pamiętał
Kiedyś w lusterku zobaczył dziada
Musi zatrzymać czas tak wypada.

Więc z tej okazji napił się wódki
Zrobił się teraz bardzo milutki
Wtedy pomyślał ale czas spieprza
Pewnie to wina tlenu z powietrza
Przestał oddychać czas się zatrzymał
Zabrakło tlenu nie ma problemu.

Przebudźcie się

Niepokój farsa nowe zdarzenia
Rządzącym w zwisie się pokićkało

Po trochu wszystkiego

Tak układają nowe reformy
Jakby im całkiem rozum odebrało.

A w demokracji obywatele
Są wszyscy równi i równe prawa
Władza wybrana ma respektować
I nie naginać taka to sprawa.

Nowe reformy nie do przyjęcia
Kłamstwa oszustwo nowe podatki
Cięcia w budżecie i zakłamanie
Że coś się działa to udawanie.

A obywatel patrzy zdumiony
Napis na książce i puste strony
Co to się dzieje to już rozboje
Twój numer konta pieniądze nie twoje.

Komornik w nocy kradnie samochód
To jest legalne chodzi o dochód
Dziurę w budżecie trzeba czymś zapchać
A przy okazji kieszenie napchać.

Ktoś za niewinność dostał dwa lata
Konia ktoś zgwałcił to wina bata
Kto do złodziei ma dziś dokładać
Wstyd to i hańba aż szkoda gadać.

Owszem dokładać lecz z czego brać
Ale to czasy psia jego mać
Trzeba to przeciąć i to natychmiast
Inaczej klapa zwyczajnie czapa
Kolejny problem to już tragedia
Zwisy próbują uciszyć media

Pałace wzięli w środku się zamknęli
I chcą by o nich nic nie wiedzieli.

Druga ziemia

Nasza druga ziemia istnieje
Jest w zasięgu ręki
Zamieszkują ją istoty żywe
Tańczą śpiewają piosenki.

Ubierają się podobnie jak ludzie
Jedzą biegną do baru na piwo
Nie obca im praca w fabrykach
W lecie też mają żniwo.

Pracują w pocie czoła
Gotują i piorą
Czasem sobie popiją
Też za łby się biorą.

Jak tam dotrzeć by odwiedzić
Przyjaciół z tamtej ziemi
Planeta jest bardzo daleko
Trzydzieści dwa tysiące lat świetlnych.

W rakiecie zabraknie paliwa
Zatrzymasz się w środku czasu
Daleko do wioski przestrzennej
Ogródka czy lasu.

Pociągi by się może znalazły
Problemem są szyny
Autostradą do góry pewnie będzie głupio
Ten projekt nigdy nie przejdzie

Mądrzy go nie kupią.

Przepraszam nic z tych odwiedzin nie będzie
Mój uczony panie
Co tam myśleć na zapas
Niech już tak zostanie.

Kwiaty nadziei

Bukiety kwiatów różowe wianki
Wymownie smukłe i kolorowe
Specjalnej troski na wymiar boski
Wplecione w ziemskie życie duchowe.

Niebieska lilia czy róża biała
Czasem samotna bidulka mała
Scala działania wielką innością
Rzuca promienie czułą miłością.

Na widok róży milkną chrabąszcze
Małe robaczki wszywają się w gąszcze
Panny kraśnieją potnieją duszki
We śnie się marzy łąka złocista
I łzy radości cisną w poduszki.

Śliczny kaczeńcu rośniesz nad rowem
Wkrótce żółciaku odzyskasz mowę
Może przypadkiem listeczki zgubisz
Z okalającym bąkiem poczubisz
Wyszeptasz wreszcie   kwitnę nareszcie.

Myśli policjanta na służbie

Siedzi milczy długie chwile

Stanisław Pysek Prusiński

I skojarzył że stał się motylem
Chce fruwać na łące
A może by tak zostać zającem.

I dać nura do kapusty
Ale zając i kapusta to rozpusta
Najlepiej jak udam wilka
Poprzegryzam na wpół owce.

Chyba jednak mam coś ze świni
Skoro myśli mam tak czarne
O tam świnią być niczyją
Złapią wkrótce i ubiją.

I upieką na zaciapę
Wtedy nie dostanie w łapę
Na gorzałkę będę tracił
I za bóle głowy płacił
Lepiej zostać ludojadem.

Jest telefon już tam jadę
Ktoś tam kogoś pewnie bije.

Interwencja dostał w szyję
I mokrym ręcznikiem po głowie
Ostro pruło pogotowie
Wystrzelony magazynek
Wylądował w wariatkowie.

Co tu szukać jakichś przyczyn
Wszystkiego niech sobie życzy
Bo to wszystko takie małe
W kartotece jest notatka
Stracił nagan orła pałę.

Zły proch

Wszelkie rozrywki i boksowe ringi
Potyczki z bykiem gdzieś na korridzie
To bardzo fajnie widzieć z trybuny
W rzeczywistości strach za tym idzie.

Żeby zrozumieć sprawy do końca
I w sytuację wczuć się po trochu
Trzeba porównać ot tak po prostu
Działanie prochu może do grochu.

Jakie różnice z tego wynikły
Groch jest okrągły zielony fajny
Proch ziarnkowy brązowy brzydki
Ale różnica bywa w działaniu.

Maleńki groszek to zdepczesz butem
Dobry to klęczek jest za pokutę
A po grochówce siły przybędzie
Można popuścić i nic nie będzie.

Proch dla odmiany jest używany
Do różnych rzeczy niezgodnych z planem
O tak strzelamy sobie beztrosko
I zabijamy uciechę mamy.

A i reklamy też z prochem mamy
Jak się cieszymy i podziwiamy
Ogień i trupy spalone d ...
Takie beztroskie niby wygłupy.

Oczy przekrwione puste butelki

Stanisław Pysek Prusiński

Fałszem się dobro życia przekłada
Wojna i trwoga krzyki błagania
Z prochem lufowym w dzikość popada.

Igranie z prochem to wielki problem
Teatr jest pusty bo widzów wgniotło
Jeno się szatan kręci po scenie
I resztki prochu wymiata miotłą.

Samochód przyszłości

Auto zdalnie sterowane
Przestronne umeblowane
Fotele dopasowane do klienta
Do użytku w dni powszednie i święta
Nie posiada zbiornika licznika
Nie rdzewieje
Sam się otwiera i na hasło zamyka.

Mateusz ten to miał głowę
Nabył to cacko modelowe
Usiadł grzecznie na fotelu
Zapytano dokąd jechać?

    Proszę do tego motelu
    Pod to pole namiotowe osiem dwa cztery
    I ruszyło autko nowe
    Bez fajery.

Pan Mateusz zjadł śniadanko
Z żoną przez telefon gadał
Później zadzwonił do kurii
Za darmo się wyspowiadał
Nie obchodziło go nic

Po trochu wszystkiego

Samochód jechał on był tylko widz.

Ale tego nie przewidział
Pan Mateusz w samochodzie
Że miał teraz drugą żonę
A z pierwszą był po rozwodzie.

Teściowa z pierwszego małżeństwa
Taka naszła ją pokusa
Że w program auta Mateusza
Wszczepiła wstrętnego wirusa.

I komputer się pomylił
Zamiast w prawo skręcił w lewo
A że szybko autko mknęło
To ścięło przydrożne drzewo.

Nowe autko poszło w miazgi
Drzewo dymi dziwne drzazgi
Dusza wyszła z Mateusza
I odrzekła w dobrej wierze
    Takie fajne autko spieprzyć
    Coś ty zrobił komputerze!

Miła Tereska

Moja miła Teresko
Spadł śnieg droga śliska
Do Chicago jest droga nie bliska
A po drodze zakręty i płoty
Nie tnij gazem i nie męcz tak Toyoty.

Długa droga pełzające godziny
Daleko od Lawręckiej mieściny

Stanisław Pysek Prusiński

Dziękujemy ci za to serdecznie
Ale nie jedź za szybko jedź bezpiecznie.

Och jak ciężko prowadzić dziś jest tak ślisko
To nie tak jak niektórzy myślą
Poradzisz sobie za sterem
I nie próbuj się ścigać z rowerem.

A to przez te wszystkie rachunki
Miła włącza wartko kierunki
A z lusterka spogląda buzia
Taka piękna czerwona jak róża.

A muzyki słucha cichutko
Jedzie miła spokojnie wolniutko
Autostradą i niezłą trasą
Miła Tereska kierowca z klasą.

Prośba chama

    Lusterko proszę nie kłam
    Powiedz prawdę prosi cham
    Bo ja w tobie się widzę nieźle
    Jestem miły pański drań.

    Mam pieniądze wygląd mam
    A kogo to może obchodzić
Co zechcę to mogę wymodzić
To mój problem że jestem cham.

Lusterko popatrzyło na chama i odrzekło
    Nie gniewaj się chamie widzę to inaczej
    I dam ci odpowiedź wulgarną
    Więc odwróć mnie stroną marną

Cóż ujrzałeś? Ty duszę masz czarną.

Cham tej uwagi nie przeżył
I głową w lusterko uderzył
I zabił się po prostu sam
Czy aby szczęśliwy jest tam?

Pomyłka bratka

Mały kwiatek biały bratek
Przypadkowo przespał wiosnę i lato
Przetarł oczy   czy to zima?
Chyba czas tu się zatrzymał.

Co się stało coś takiego?
Czemu nikt mnie nie obudził
Wokół biegają zwierzaki
A na polu tyle ludzi.

To nic myśli mały kwiatek
Patrząc na śniegu pierzynę
Ot tak puchem się nakryję
To przeżyję srogą zimę.

Ale niebo coś się chmurzy
Wróbel usiadł koło bratka
Całe lato fruwał obok
I nie widział tego kwiatka.

   Słuchaj bratek idzie zima
   Mróz cię zmoże nie wytrzymasz
To samo mówiła wiewiórka
I ścieżkowa mała kurka
Nawet przelatujący bąk

Stanisław Pysek Prusiński

Ostrzegał że duży jest ziąb.

Ale bratek był uparty
Choć targało nim wiatrzysko
I padały mroźne deszcze
Drygał z zimna miewał dreszcze
Przysiągł że wytrzyma jeszcze.

Wiosna przyszła ciepły czas
I drzewa pokryły pąki
Bratek stał się jakiś sztywny
Inny suchy chłodny dziwny.

Lecz słoneczko go ogrzało
Tak się szybko rozpromienił
Przeszedł szybko groźną grypę
I wypuścił białe pąki
To nauczka myślał chwilę
Już się więcej nie pomylę.

Szmal

Nazywany zwykle szmalem
Złotówką euro czy dolarem
W papierach na wielką skalę
I waży losy na szalę.

Chowany w portfelach bankach
Kasach skrycie ten to ma życie
Za szmal nabędziesz złoto
Nie chodzisz piechotą.

Jak masz szmal to pijesz dobre wino
Spożywasz kiełbasy

Po trochu wszystkiego

Kupujesz bilety do kina i na wczasy
I robisz na bursztynowym sedesie
Nie w lesie.

Ale nie wystarczy tylko chcieć
Trzeba ten szmal jeszcze mieć
Jak zdobyć taki szmal myśli drwal
A niech to licho to takie proste
Pomyślał Zdzicho.

Wycina drzewo i miele w młynie
Następnie z kotła papier wrzuca w maszynę
I papier duży tnie na malutki
Drukuje na nim portret milutki.

I o co chodzi
Szmal nie dla niego a to dlaczego?
Drwal to robotnik drzewo nie jego
I to dlatego.

Inwestycja w rozumie

O co tu właściwie chodzi w rozumie?
Jestem rozumem
Tak do końca to sam siebie nie rozumiem.

Jego inwestycje rozumne spaliły na panewce
Ludzie którzy pracują u niego nie rozumieją jego
I nikt w jego firmie pracować nie chce.

Nie może ich zrozumieć nie pracując żądają zapłaty
W jego firmie można wszystko kupić na raty
W tym że procenty są wyższe od samej pożyczki.

Pożyczyłeś sto a oddajesz trzysta z tego vatu procenta
I prezent na święta.
Bardzo się rozczarował nie ma ani jednego klienta.

A to jest okazja w jego banku jest prowizja
Często bywa telewizja
Dostajesz nagrodę gdy spłacasz na czas
Z tą różnicą że dwa razy oddajesz a pożyczasz raz.

To jest właśnie ten klienta banku duży zysk
Ogłosił to publicznie i dostał w pysk
I nie było mu z tego powodu miło
Bo aż go cztery razy okręciło.

I znowu straty spuchnięty ma pysk
Nie rozumie sam siebie gdzie jest ten zysk
Na płacz mu się zbiera
Cholera.

Róże

Popatrzmy na promienie słońca
Rozbłyskujące w chmurze
Są jaskrawe błękitne nieuchwytne tworzą wzory
Układane w kolorowe róże.

Czerwony kolor róż
Które nie kolą pod kontrolą
Niezwykłego daru boskiego
Niezbadanego wymiaru.

Monolog

Duchowe życie związane serio

Po trochu wszystkiego

Z materializmem jakim jest ciało
Jest powiązane grubymi nićmi
Naładowaną boską materią.

Pada pytanie   czy duch jest dobrem
Moja odpowiedź   i to najwyższym
I zgodnie z wiarą największą miarą.

A zło jest duchem gdzie jest odpowiedź
Któż to dowiedzie nikt tego nie wie
Czy dobro musi ze złem się zmagać?
Czego możemy od Boga wymagać?

Czego od siebie jak ze złem walczyć?
Czy Bóg jest w stanie wszystko przebaczyć?
I znowu cisza bez odpowiedzi.

A dni mijają stwarzają troski
A czas nam płynie aż do momentu
Niepostrzeżenie życie umyka
Kto dał nam życie ten je zabiera
I duch z powrotem wraca do stanu
Coś nam zaszepcze
    Dziękuję pani i panu.

A kiedy złodziei zabraknie

A kiedy to złodziei zabraknie
Gotówka w portfelu zostanie
Nasuwa się ważne pytanie
Co z naszą przyszłością się stanie?

W tym celu stworzono krainę
By przetestować ten cel

Stanisław Pysek Prusiński

Złodziei deportowano
Brakuje ich w nocy i w dzień.

I proszę już na urzędzie
Bo prezes już kraść nie będzie
Gdyż został objęty zakazem
Wiszącym nad jego obrazem.

Bo kiedyś nie mówiąc o gminie
Skradziono to co się nawinie
Papiery klamki zawiasy
Bo były to takie czasy.

Policja i sądy pod młotek
Nie kradną i dobrzy są tacy
Urlopy bezpłatne brak pracy
To skutki ustawy rodacy.

Co zrobić zadziałać jak podpaść
O Boże kto mógłby mnie okraść
Jak zwabić złodzieja do domu
Dać okraść się nie po kryjomu.

Co zrobić gdy tak niedołężna
Bogata i stara już księżna
I prosi by ktoś ją okradł ze złota
Daremne błaganie zgryzota.

Gdzie lumpy szubrawcy i zbóje
Wynająć takiego to drogo kosztuje
Otwarte są domy i puby
Rabujcie nas zlitujcie się draby

Znów mamy wiadomość niedobrą

Po trochu wszystkiego

Tak powiększyło się dobro
Że złoto w śmietnikach leży
Nikomu już na złocie nie zależy.

Prezydent też siedzi jak struty
Wynajął złodzieja na buty
Bo chciałby już kupić nowe
Dlatego frasuje głowę.

I stało się koniec nastąpił
Z powodu zabraknięcia złodziei
Upadła kraina kradzieży
I oszukaństwa na skalę
I dotąd nie ma jej wcale.

Syty i głodny

Żeby być po prostu modnym
Nie można okazać się głodnym
Więc powiększać swe zasoby
Dbać o wnętrzowe podroby.

Syty stara się jak umie
Lecz głodnego nie rozumie
Niech się głodzi z własnej winy
Jego problem z tej przyczyny.

Jak się zatem w życiu liczyć
Sytym być i nie pożyczyć
Słuchać komu w brzuchu burczy
I żołądek mu się kurczy.

Problem głodu i ta sytość
I zwyczajna przyzwoitość

Komu więcej się należy
Jak z problemem tym się zmierzyć.

Stworzyć system wszystkim równo
Dobrze będzie i wspaniale
A gdy wyjdzie z tego g...
To podzielić je ku chwale.

Syty brzydził się spróbować
Zamknął oczy do widzenia
Głodny zeżarł całe g...
I też umarł z przejedzenia.

Tam gdzie nas nie ma

Wielka szkoda że nie ma tam nas
Piękne okolice i zielony las
Długo tę sprawę badam
I zaprawdę powiadam
Wam jak dobrze jest tam.

Tam mówię wam jest kolorowo
Motyle krążą nad głową
Miód wypływa strumieniem z uli
Lew do żyrafy się tuli.

Król złoto tak po prostu rozdaje
Każdemu dobrobyt z cholewki wystaje
Nikt nie brzydzi się złej czarownicy
W domu starości świece się darmo świecą
Młode chłopy na stare baby lecą
I mają kontakty ze światem
Przyjedź i zobacz jeśli zależy ci na tem
Obojętnie czy zimą czy latem.

Tutaj za darmo napijesz się wódy
Są nawet namioty strachu
Uwaga ostrożnie bo pójdziesz do piachu
Wielkoludy łykają puste butelki
Na ulicach tłoczno ruch wielki.

Świnie mają pomalowane ryje
Bierzesz co zechcesz tu wszystko niczyje
Prawo jest równe złodziej i sędzia
Wynajmiesz do lotu łabędzia
Nikt tu nie zwróci ci uwagi
Biegasz nagi nikomu to nie przeszkadza
Że lacha ci się macha.

Każdy się uśmiecha pięknie
Przepraszam wzruszyłem się
Muszę przestać bo serce mi pęknie
Przestałem o tym marzyć
Wesołemu może wszystko się przydarzyć.

Namolny

Namolny to taki farmazon
Co chciałby mieć wszystko od razu
To zła czy dobra cecha
Może po trochu pokraczna
Wiążąca się z gatunkiem i rasą.

Ta cecha jest brzydką i trochę głupawą
Każdego to po trochu dotyczy
Sołtysa leśnika bociana i żabę
Indyka i co osła co się indyczy
Namolność dotyka także samotnika

Takiego ze słabą psychiką.

Namolny być może i chłop małorolny
Co nawet chce ziemi dokupić
A ziemia jest droga i drzewo i lasy
A liche są w spichrzach zapasy.

Namolność tak często nastaje na wolność
Czasami przekracza granice
Montuje rakiety na obcej gdzieś ziemi
I proce przeciwlotnicze.

Torowisko życia

Dwie linie życia na torach
Do przodu tyłu w dwie strony
Znaki wjazdu wyjazdu i stopu
Decyzje kolizje marzenia
Różny rodzaj ziemskich kłopotów.

Zdarzenia życiowe te duże i małe
Torowiska myśli jak sny kolorowe
Testowane programy teatralne sceny
Jesteśmy pociągu życiowego jako aktorzy
Często zawiedzeni roześmiani i chorzy
Czy aby o tym wiemy?

Nagle niespodziewanie znikamy
Jako podrzędne podmioty i zwykli gracze
Ktoś po nas się bardzo cieszy
Inny może gorzko płacze.

Staramy się przedłużyć szyny
Potrzeba na to czasu

I torowisko zużyło się wymaga naprawy
Wagon zdarzeń wkroczył do lasu.

Kto podejmie się tego obowiązku
Zabezpieczyć pomoże drogę
To jest to credo życia
Wspaniałym wymogiem.

Kluski

Kluski polskie ruskie śląskie
To światowej klasy dania
Gotowane w wielkich garncach
Na obiady i na śniadania.

Za Chrobrego i Krzywousta
Rozpływały się na ustach
I rycerzy i gawiedzi
Przed spowiedzią i po spowiedzi.

Roznosiły je służące
Pulchne białe i gorące
W wielkiej dzieży gdzieś na wieży
Z przedniej mąki wyrobione
Pięknych panien pośladkami
Godzinami ugniatane
Zapełnione wielkie misy
Stawiano przed możnym panem.

A rycerzom wielkie kluchy
Dodawały też otuchy
Król jak połknął sobie klucha
Całą nockę ogniem buchał.

Kluski się sprawdziły w boju
Na biesiadach i postoju
Syty rycerz trzymał gardę
Stąd zwycięstwo pod Grunwaldem.

Och kluseczki małe duże
Przetrwaliście wszelkie burze
Wielki potop i pogardy
Po kluseczkach zawsze twardy.

I przed winem i po winie
Kosztuj ile się nawinie
Nawet pisarz polski Pysek
Spożył klusek wiele misek
Bardzo dobrze wygniecione
Przez Tereskę panią żonę.

Tańcz ze mną

Tańcz ze mną przez nockę całą
Wykręcamy kółka małe
I wymogi żywe duże
Ręce w dole nogi w górze.

Rżnie kapela pod niebiosy
Cienkiej struny skrzypiec dźwięki
I rozwiane włosy krucze
W naszych żyłach krew zawrzała
W tańcu się miłości uczę.

Och serduszko mój aniele
To wygląda na wesele
Że aż suknia się zawiewa
Dusza śmieje się i śpiewa.

Konkurs tańca jest na piątkę
Panna ma siedemdziesiątkę
Narzeczony też nie młody
Skończy stówkę przyszłej środy.

Nadzieje są w nas

Los przeznaczenie czy to jest jedno
Z udziałem ducha stworzone życie
I płynącą falą czasu przebiegłym
Jak ziarnko ziemi czyni potrzebnym.

Gwiazdeczka w górze w przestworzach błyszczy
W trawie niemrawa żabusia piszczy
Potężna rafa zmaga się z falę
Echem wydarzeń wymowną galą.

Moc nowych pragnień zamierzeń w rzędzie
I walka z czasem co jutro będzie
Okrągłym kołem wysokim progiem
W wymiarze boskim jasnym wymogiem.

Miliony istnień w różnych epokach
Spojrzeń i pragnień w mknących obłokach
W dziwne obrazy zdarzeń wyplata
Z codziennym życiem w niebo ulata.

Bokser obżartuch

Mocne dowody i na poparcie
Wszystko co żyje prosi o żarcie
Trochę grubiańskie przejęzyczenie
Ładniej to zabrzmi znaczy jedzenie.

Pęd do jedzenia nosisz w zarodku
Mama pulchniutka maleństwo w środku
Bo to jest prawda wyjaśnię panu
Tata jest sprawcą takiego stanu.

Rodzi się bobas prosi o mleko
Sięga rączkami cycki daleko
Oczka wpatrzone w mamę uparcie
   Mamo daj cyca proszę o żarcie.

Niedługo bobas ma własne cycki
Gryzie ząbkami serek tylżycki
Niechcący tacie przywalił w lampę
Wdrapał się na płotek na dużą rampę.

I dorastało to chłopaczysko
Pustki w lodówce zeżarło wszystko
Z trudem się wciska w obcisłe getry
Ma dwieście kilo wzrostu dwa metry.

Został bokserem i ciężkiej wagi
Biega po ringu i prawie nagi
I tłucze w głowę kogo popadnie
Brawa mu biją choć to nieładnie.

Wygrywa walkę wrzeszczy szalenie
Wtedy zabiera się za jedzenie
Wartko świniaka rozrywa z gestem
Uwielbiam żarcie dlatego jestem.

Nie trzeba klucza

To że o wolność ciągle się walczy

Po trochu wszystkiego

To wielki absurd to nie wystarczy
Wolność zamknięta krąży w orbicie
Na dziesięć spustów wraz z naszym życiem.

Ziemia jest jednym wielkim więzieniem
Wolność pozorna zamknięta z cieniem
Chcąc się przekonać to zamknij oczy
I za wysoko tu nie podskoczysz.

Spróbuj się proszę wyżej oddalić
Najbliższy kosmos może cię spalić
Nic się nie dzieje rzeczy nie zmienia
Proch spadł na ziemię czyli więzienia.

Nie trzeba kluczy zamka czy sztaby
Wolność ukryta w naszym mniemaniu
Za mąż się wydasz czy się ożenisz
To się przekonasz współczuję panu
I nie istnieje to słowa puste
Wpadła jak zając w listną kapustę.

Krytyczne spojrzenie

To nie tak miało być tu winna nauka
I wielka głupota tu się ktoś oszukał
Zaczęto od prochu nabito nim rury
I mamy efekty aż wyrwało góry.

I nowe badania tak mozolna praca
Te wszelkie odkrycia w człowieka obraca
Pożogi wojenne to skutki nauki
Igranie z atomem i wojenne sztuki.

To wszystko się sprowadza do globu zapaści

A to jest niebezpieczne trudno w to nie wątpić
To jest tylko kwestią czasu i może nastąpić
Ale coś się martwić i płakać zawczasu
Póki co pobiegnijmy odpocząć do lasu.

Kto buchnął asa?

Znowu wybory karty rozdane
Prezes się wkurza wali łbem o ścianę
Kto na tym straci kto może zyska
Urny zamknięte i piana z pyska.

Nowy kandydat rumieńcem chlusnął
Głosów mu zabrakło ktoś asa buchnął
A i asystent się zaczerwienił
Ten ktoś za późno kartę podmienił.

Rzecznik się drze w wniebogłosy
 Sekretarz z głowy wyrywa włosy
Kto spieprzył sprawę wszyscy są czyści
Może obsługa czy terroryści?
Ale obsługa to pierwsza klasa
Jak to się stało kto buchnął asa?

Ktoś skoczył z mostu kogoś wypchnięto
Pastor rzucił klątwę choć było święto
Kto zwróci kasę za te wybory
A kasa gruba wydatek spory.

Nowy prezydent zaczął od gadki
Podnieść podatki obarczyć matki
Kogoś usadzić niech wącha kwiatki
Ale doczekaliśmy się teraz czasów
Że w jednej tali jest aż pięć asów.

Szara kanapa

O proszę i nowy zakup
Szara kanapa
Wykonana ze skórnego tworzywa
Jak żywa.

Zwyczajna bez frasunków
Dąży do dwóch kierunków
Odpoczywania i oglądania na siedząco telewizji
Za darmo bez prowizji.

Postawiona przed ściennym murkiem
Nie musicie się do niej przywiązywać
Paskiem czy sznurkiem.

Fajnie jakie wygodne ma oparcie
Wykonana jest z materiału dobrej jakości
Można zaprosić i posadzić na niej gości
A obok kanapy jest ława to i prostsza sprawa.

Rozlać można na niej dobre wino
Zrobić to możesz dziewczyno
Czy ty chłopcze
Dobre wino nigdy nie jest obce.

Z okazji zakupu leżanki
Można zadzwonić do koleżanki
Zwyczaj jest taki
I nie każe żeby nad kanapą
Na ścianie nie wisiały ciężkie wazony
Czy metalowe lichtarze z tego to względu
Bo drogie są opatrunki i bandaże

I buziaka może oszpecić
Gdy wazonik ze ściany spadnie
Może być nieładnie.

I co jeszcze wykrztuszę wreszcie
Nie wolno się siedząc bać
Uszka do góry proszę się śmiać
Szara kanapa przynosi szczęście
Może przyspieszyć nawet zamęście
A jeśli posiada pod spodem
 Dwa przyszyte małe guziki
To na pewniaka jest z Ameryki.

Drodzy użytkownicy
Pozwalam wyciągnąć nogi na mym grzbiecie
Rozumiem was przecie
W pracy się za biurkiem ślęczy
To i nóżki się umęczy.

Palenie zabronione na moim poszyciu
Niestety tak jest w życiu
Przygasisz papierosa zrobi się dziurka
I już będę nie ta.

Kochajcie szarą kanapę
To jest mapa dobrego odpoczynku
Córeczko i synku.

Halo rozmowa kontynuowana
   Zaścielajcie mnie kochani już z samego rana
   Nie ręcznikiem lecz miękką kołderką
   Chcę być schludna.

   Jestem kanapą ale bajeczną inną

Po trochu wszystkiego

Przykryjcie mnie porządnie
Bo będzie mi zimno proszę

Bo wiecie jak chłodu nie znoszę.

Mogę stać koło ściany
Kto mnie będzie używał nie może być pijany
Lecz trochę podchmielony
Nie przeszkadza mi że ktoś w nocy chrapie
Życzę snów kolorowych i obrazów
Zdrowych zielonych pachnących łąkowych.

Przypadkowo zabrudzona
Pragnę być wyczyszczona
Chcę i życzę sobie wyglądać schludnie
Rano wieczorem i w południe.

Wydaliście na mnie duże pieniądze tak sądzę
Postaram się w zamian być miła i gładka
Jak matka sofa która utuli i pokocha.

Opowiem wam bajkę o puszystym króliku
I strumyku wijącym się w górach
I o złotym ptaku w chmurach
Obiecuję że dodam wam siły
Joasiu Joanno i Tomaszku Tomku
Witam was w waszym nowym domku.

Pośpiech

Jest naukowo udowodnione
Pośpiech ma dobrą i słabą stronę
To że ma dobrą dużo w tym racji
Pęd do urlopu znaczy wakacji.

Staraj się pewne sprawy rozróżnić
Nagroda czeka głupio się spóźnić
Dużo wypadków skutki pośpiechu
A co tam szlaban zdążę przejechać
Został trzaśnięty zrobił się bad
Odszedł przedwcześnie na tamten świat.

Bo skrócił drogę i miał wypadek
Walec dziś stuknął kolegę Tadka
Wczoraj był dzisiaj zabrakło Tadka.
Pośpiech normalnie da się odróżnić
Śpiesz się powoli zdążysz się spóźnić.

Przetrwać

Noc i dzień słońce i cień
Pozornie wydaje się proste
A jednak wszystko jest niezbadane
Programy z góry zaplanowane.

Układ przestrzenny i galaktyczny
Niezrozumiałe dla nas pojęcia
Wygląda na to że się mijamy
Coś do stracenia i coś do wzięcia.

I ciągła walka o to przetrwanie
Trwa nie wiadomo po co i na co
Nasz byt obraca się w błędnym kole
Jest wypełniony nauką pracą.

I nagle cisza zamilkły rację
Cóż nam zostało wieczne wakacje.

Szkoła picerów

Technika doszła prawie do szczytu
Sondy w kosmosie i pendolino
Kiełbasy sztuczne rozumne prosię
Teatr bez widza tyłki bambino.

Zerkniesz na boki na oczach klapki
I tatuaże tak zwyczaj każe
Jak chcesz mieć kasę nie ma problemu
Kupujesz zdrapki masz na kanapki.

Znowu wygrałeś i problem z głowy
Dobrze trafiłeś jest koń rasowy
Mogę do baru pytasz się żony.

O proszę bardzo
I zaniesiony na końskim karku
Jedziesz do barku tuż koło parku
Bo naprzeciwko jest dobre piwko.

A niedaleko jakaś cukiernia
I obok afisz *nasza picernia*
W nawiasie pisze że to jest szkoła
Trochę za blisko bo do kościoła
Metrów trzynaście.

A co niektórych to w oczy kole
Przejrzyj na oczy zrozum matole
Wielki budynek ośmiopiętrowy
I murowany jest prawie nowy.

Z wielkim napisem *picuj do woli*
A z boku *biura do spraw kontroli*

Stanisław Pysek Prusiński

To własność Zwisu znaczy zarządu
Dotyczy władzy i samosądu.

W środku zaś klasy i dużo szmeru
Tu się za darmo uczysz bajeru
Nie z tego świata szkoła publiczna
Cicha porządna bo polityczna.

To studia dla tych co są u steru
Co produkują problem i pychę
Obiady darmo i to nie liche
Takie rozrywki że nie śni ci się.

Ale wyłącznie takich we zwisie
Oferty pracy duże pieniądze
Długo nie potrwa
  Ja też tak sądzę.

Pewien pan

Pewien pan się bardzo wkurzył
I tak bardzo się oburzył
Miał już tak wszystkiego dość
Sprzedał zatem własną złość.

Nie posiadał się z radości
Pozbawiony wszelkich złości
I pobiegł zadowolony
By pochwalić się do żony.

Żona rzekła   oj frajerze
   Jak to słyszę złość mnie bierze
I zamierza go wyrzucić
Nie będzie się mieć z kim kłócić

To jej zrobił własny mąż
Nie pojmuje tego wciąż.

I opuścił pan rodzinę
Ognisko szczęścia miłości
Zamieszkuje gdzieś w przytułku
Pozbawionym wszelkich złości.

Tacy jak my

To oni
Pracują ciężko oblani potem
Upijają się przez głupotę.

To oni są inni dlatego są winni
Ich problem że są dobroczynni
Zmęczeni zatroskani dla siebie źli
To są oni nie my.

Nie tacy jak my
My patrzymy im na ręce
Powinni pracować dłużej i więcej.

Głupi nie może być bogaty
Oni to są warchoły i wariaty
Robole po żadnej szkole
Niepolityczne zwykłe patole.

A teraz my na ich temat
My eminencje stwierdzamy niżej
To są konsekwencje
Niewiary
Wątpią źle się prowadzą
Raz dadzą drugi raz nie dadzą

Nie słuchają się duchów z daleka
Złe ich czeka.

A głos z szatni
Pierwszy to znaczy ostatni.

Duszka w parku

Tak mnie naprawdę sprawa wzruszyła
Pewna duszyczka zawieruszyła się
W wielkim parku o tak troszeczkę
I się bidula wszyła w ławeczkę.

Tak pomyślała tutaj odetchnę
Prostą zwyczajną parkową ciszą
Jutro spokojnie frunę na cmentarz
Sama ze sobą rozmów komentarz
Lecz opowiadać o tym niemiło
Bo to się wszystko dziwnie skończyło.

Na tej ławce spoczęła babka
Ze trzysta kilo widać nie słaba
Kiedy usiadła ławka przysiadła
I nogi ławki wbiły się w glebę.

Duszkę przycisnęło że aż pobladła
I w wielką niemoc bidula wpadła
Baba na ławce tak się rozparła
I wielkie udo świniaka zżarła.

Z wielkiej butelki popiła kwasem
Tymczasem nagle babę zatkało
I może dobrze by się skończyło
Gdyby takiego grzmotu nie było.

Nikt nie przewidział lecz tak się stało
Babę zatrzęsło duszkę wywiało
Biednej duszyczce zabrakło mowę
I poplamiło ciuchy służbowe.

A przed duszyczką dni chorobowe
Ciągłe treningi z powietrzną maską
Baba westchnęła spadła wraz z ławką
I pół godziny walczyła z trawką.

Sztućce

W pewnym kraju w Europie
Uwierz dziewczyno i chłopcze
Urzędniku i studencie
Takie się stało tąpnięcie.

Kto chce teraz spożyć obiad w knajpie
Zaraz się za głowę łapie
Trzeba płacić tu niestety
Za miski widelce serwety.

Nie zapłacisz dodatkowo
Na układy nie ma rady
Luzem będziesz jadł niestety
Przykładowo na rachunku
Napisane złotych trzysta
A za sztućce jest dziewięćset
Ale i vat jest oczywista.

W sumie płacisz ten stosunek
Tysiąc dwieście za rachunek
Dwieście czterdzieści złotych vatu

I masz tysiąc czterysta czterdzieści złotych
Oczywiście bez rabatu.

Trzeba jeszcze rzucić typa
Stać cię na to to jest lipa
Cóż nam zatem pozostaje
Brać rękoma jak się daje.

Głupi tłuszcz przecieka przez palce
Że się szybko szczęką rusza
Musisz zlizać luźną zupę
Językiem gorącą z obrusa.

Narzekaniom nie ma końca
Czasem to się często zdarzy
Ktoś niechcący sobie sparzy
Coś na górze czy na dole.

Gościu krew wysysa z cielca
Ale co ten może począć
Gdy go nie stać na widelca
Za tę przysłowiową dychę
I wzdychania szlochy ciche
Ktoś się s... dostał w michę
Niemały się zrobił zamęt
Głośne wrzaski płacz i lament.

Gość pod siebie kluska zrobił
Nie dał typa ledwie zipał
Dzidzi wykrzywiło gębę
Opadła szczęka z jednym zębem.

Nic policja nie zdziałała
Cóż na czterech jedna pała

I puścili gaz odwrotnie
Przewrócili się sromotnie.

Tak to bywa w karnawale
Sodoma gomora bale
Wszyscy zawiedzeni wielce
Przez drogie miski noże i widelce.

Kawa

W Brazylii Peru czy Hondurasie
Uprawne krzewy kawy się ścielą
Pieczołowicie pielęgnowane
Całe tygodnie włącznie z niedzielą.

Ziarenka kawy w słońcu się złocą
Kusząc zapachem z tak wielką mocą
I pora zbiorów to już nie żarty
Wartko się kawa sypie do kwarty.

A z ranną rosą czasami boso
Ciężka to praca kontrakt zawarty
Ruszają wózki pojazdy taczki
Wypchane kawą wszelakie paczki
Zapakowane są na okręty
Przemierzające wodne odmęty.

O proszę kawa już w Europie
Ślinka aż leci smakujesz wąchasz
Zalana wrzątkiem albo z ekspresu
Pomoże nabyć cel do sukcesu.

Pije ją burmistrz wieśniak zza pieca
Podobno pali się dobrze świeca

Ona potrafi podnieść potencję
Poprawia również inteligencję.

Gdy tylko deczko ziarnek skosztujesz
To się za chwilę lepiej poczujesz
I nowe myśli zabłysną w głowie
A to jest prawda każdy to powie.

Pije ją człowiek i terrorysta
Ma moc witamin to oczywista
Uwierzcie państwo to święte słowa
Bo z każdym łykiem żyjesz od nowa.

Oj

Coś się dzieje czuje swąd
Gdzieś się pali jakiś błąd
Może mi się tak wydaje
Albo nos już mam jak faję.

Zaraz to już późna pora
Tak to swąd z telewizora
Nawijają że się kurzy
Aż mi się w rozumie burzy.

Ale co mam na to począć
Zwyczajny do wiadomości
I codziennie takie same
Tak po prostu mam przesrane.

Słucham ktoś podpieprzył w sklepie
Ramę zwykłą margarynę
Dostanie odsiadki trzy lata
Złapali go za godzinę.

Po trochu wszystkiego

Senatorem został zbój
Mówią że to wuj starosty
Tego co wysadził w wojnę
Aż cztery germańskie mosty.

Komornik pobił się z chłopem
Prokurator wylał zupę
W Trąbeli zjawili się wieszcze
Ktoś pójdzie dziś siedzieć jeszcze.

Wódz się nie może połapać
Ktoś musi sobie nachlapać
Tacy poradzą i wsadzą
Kogo popadnie nieładnie.

W senacie buchnęli mapę
Terrorysta dostał w czapę
Piekło ktoś pomylił z niebem
Rodzina uciekła za chlebem
Za most
Nie oglądając się na wprost.

Co tu robić mówię panu
Coraz większy dym z ekranu
Telewizor zaczął syczeć
Aż babka zaczęła krzyczeć.

Zgaś to proszę bo upadnę
I babka zaczęła kląć
To nieprawda żeby pastor
Umarłemu mógł coś wziąć
Albo uciec z obcą babą
Babce się zrobiło słabo

Oj zrobiła dziwną minę
I zygzakiem do pokoju
Schowała się pod pierzynę.

Nagle co to inny zapach
To senator Bieniek chuchnął
Nie był trzeźwy aż na tyle
Że na ścianie naprzeciwko
Pokazało trzy promile.

Jak ogłosił trzy przetargi
To miał takie sine wargi
Wtem dopadła go padaczka
I wynieśli tego Wacka.

Więc przyjechał na placówkę
Przedtem buchnął ponad stówkę
I zielone w buty schował
Do pudła pomaszerował
Takie rzeczy to potrafi
Nauczyciel geografii.

Nagle silny ból poczułem
Przyłożyłem lód do czaszki
Pomyślałem wielka szkoda
Żeby teraz był Piłsudski
To był by inny był porządek
To był piątek.

Wtem usłyszałem pukanie
Za drzwiami słyszę
Otwórz panie
   Oglądałeś telewizję
     Przyszliśmy zrobić rewizję

Po trochu wszystkiego

Żyrafa z ancla nawiała
   I może się tutaj schowała.

I wtedy chwycił mnie zawał
A tak mnie ścisnęło brachu
Leżałem trzy tygodnie w szpitalu
O mało nie poszedłem do piachu.

Napisałem do senatu
O odszkodowanie za to
Nie czekano długo
W odwecie w nocy
Komornicy do domu wpadli
A była to późna sobota.

Aresztowali kanarka
A babka dostała naganę
Zabrali jej z szyi różaniec
Biedaczka zmarła nad ranem
Żonie zwinęli korale
Wnuczce pajaca i lalę.

Telewizor zajęli
Mnie straszyli lewatywą
Skarżę się czy nie mam racji
Błagam w imię demokracji
Tak bardzo kocham swój kraj.

Lecz będę go musiał opuścić
W tym państwie już wszyscy podpadli
A kiedy już wszystkich zamkną
Nie będzie ich komu wypuścić.

Świętujmy razem

Jak co roku przyszły święta
Śnieżek prószy wiatr powiewa
Lasy ziemia mrozkiem ścięta
I ptaszyna już nie śpiewa.

A co roku ciągle inne
Wesolutkie i rodzinne
Rozbiegane Mikołaje
Każdy coś od siebie daje.

Najważniejsze jest przed nami
Jezus dzisiaj się narodzi
I z ciemności wszystkich ludzi
W wielkiej chwale oswobodzi.

Tradycyjnie jak co roku
Dziadzio przyniósł dziś choinkę
Była ciężka trochę gderał
Ale jest zadowolony
Chociaż długo ją wybierał.

Zapachniało w domu lasem
Dzieci powiesiły bombki
Cudne gwiazdki i łańcuszki
Trąbki cukierki i wstążki
Aż kotek wyjrzał zza pieca.

A na stole obrus biały
Świeży bo wykrochmalony przecie
Pod nim suche białe sianko
Piękna szopka a w niej dziecię.

Po trochu wszystkiego

Więc dzielimy się opłatkiem
Z wiarą we wspólnym pochodzie
Byśmy żyli wszyscy w zgodzie
Mieli chlebka pod dostatkiem.

Pachnie lasem w całym domku
Wtem Mikołaj się pojawia
Czoło mu pot rzęsisty zrasza
Długa broda dziwna laska
Na pasterkę nas zaprasza.

Wtem nastała wielka cisza
Rozjaśniła drzewo gwiazda
    Witam wszystkich rzekł Mikołaj
    Ale ciężka była jazda
    Trudno trzymać sani stery
    Trochę w nosem mrozkiem trzaska
    Tak się cieszę że tu jestem
    I prezenty wam przynoszę.

    Co tu mamy chodź Joasiu
    Koraliki przyjmij proszę
    Resorak dla Dominika
    Tylko proszę przez ten roczek
    Za wysoko tak nie brykaj.

    A dla Kai lalka z książką
    Owinięta piękną wstążką
    Dla Tomasza mała flaszka
    Z perfumami oczywiście
    Nie do picia tylko żeby pachniał
    Bardzo uroczyście.

    A dla Klaudi i Darusia

Stanisław Pysek Prusiński

To skarbonka w niej grosiaki
Żeby im się rozmnożyły
To po prostu zwyczaj taki.

Dla Tereski naszyjniki
Z serca dobrej Ameryki
Całe złote w środku z rubinem
Ale Mama zrobiła minę.

A Stasiowi renciście
Proszę mydło oczywiście
Oraz płyn na porost włosów
Bo na koncie w jego banku
Nie pośledziłem kokosów.

I Mikołaj schował fajkę
Zerknął bacznie na zegarek
Zwinął worek spuścił parę
Na saneczkach się oddalił
I dzwoneczki zadźwięczały
Gdzieś inne dzieci czekały.

Na pasterce grzmią organy
Kościół po brzegi zapchany
Zjawia się pastor jegomości
Wita wszystkich dziś parafian
I przybyłych tutaj gości.

Wszyscy czekamy na Dziecię
Na całej ziemi na świecie
W ten przepiękny wzniosły czas
Na nowo Bóg zrodzi się w nas.

Wdzięki i lęki

To coś jak odrobina stresu
Zniknął z twarzyczki miły wdzięk
Coś się stało twarz zmieniona
I wtedy pojawia się lęk.

Bo zabrakło dżipiesa
Sam jeden w lesie po ciemku
Bez paliwa i kół bo ukradli
Gdzieś w pobliżu lew zaryczał
Bronisz się czy będziesz krzyczał?

Wybrał drzewo a tu sęk
To na pewno jest ten lęk
Czy lęku to trzeba się bać
Lepiej uciekać czy stać?

Ta sprawa to nie jest czysta
A terrorysta i trotyl w buzi
Co wybuchł duży i głuchy brzęk
Lubię cię lęk.

Powiedz tak sam
Wysadził się   bum!
Nie masz lęku to nie sądzę
Że zginiesz za marne pieniądze.

A lęk co jutro przyniesie nam?
Ja to nie wiem a jak wydaje się wam
Czy żonie podoba się futro?
Samolot za wcześnie odleci
Leniwie przyglądasz się śmieciom
I podobasz się sąsiadki dzieciom.

Lęk przed tym że się odkryje
A w końcu to dzieci są czyje
Nie lękaj się bądź zawsze sobą
A staniesz się nie ulękną osobą.

Makaron nitki

Zostałem zrobiony w nitkę
To takie głupio i brzydkie
Przykro mi że mówię to podniesionym tonem
Jestem najgorszym makaronem.

Ciągnę się długo i śropię
Uważaj ochlapiesz buzię
I spadną na sukieneczkę
Dwie długie nitki łobuzie.

Nie do twarzy ci z taką nitką
Wyglądasz po prostu brzydko
Chcę być normalną muszelką
Zwinną nie pokraczną niewielką.

Głupio się w buziuni wisi
Obrzydłem już pani Krysi
A nieraz to nawet już tak jest
Że brzydzi się nawet mnie pies.

Nie mieszczę się często do miski
Bo jestem tak bardzo śliski
Cześć ale skosztuj mnie i o mnie dbaj
O taki makaron bez jaj.

Zaginiony

Po roku do domu wrócił
Chudy zmarnowany dziki
Wszyscy sąsiedzi myśleli
Że nawiał do Ameryki.

Jest południe drzwi na oścież otwarte
I ona go ujrzała
Stanęła jak wryta zdumiona
Tak bardzo go kochała.

Proszę was z całych sił
Zgadnijcie kto to był?

Przeszły rok był dla niej koszmarem
I nieprzespane noce
A łzy wyciśnięte z oczu
Pod starym wełnianym kocem.

Skinięciem wskazała na fotel
    Już jesteś mój chwała Bogu
    Nie stój ty mój biedaku
    Na wytartym drewnianym progu.

On usiadł zakłopotany
Na barek się zagapił
Do teraz nie pojmuje
Dlaczego się tak wtedy zapił?

Dlaczego tak wtedy zły był
I nagle zabrakło mu sił
Więc zgadnij kto to był?

Stanisław Pysek Prusiński

A ona   cieszę się że wróciłeś
Do swojej prawdziwej pani
Na pewno jesteś głodny
Już pani cię nie ochrzani.

Któż przybył po długim roku
Co się stało kto to jest?
Nie mąż kochanek nie ojciec
Ale przyjaciel jej pies.

A prawda to była taka
Rok temu zły pies ujrzał flaszę
I wypił około literka
Za zdrowie wasze i nasze
I zeżarł wszystkie kluski
Przyjaciel jej wilczur ruski.

A kiedy psisko się upiło
I wyszło zmyliło drogę
Trafiło do schroniska
Po roku odnalazło drogę.

Więc Kola wrócił do domu
Całuje pani nogi
Tak bardzo jest jej oddany
Dlatego jest dla niej tak drogi.

I dobrze tak się stało
Wytrzeźwiał odnalazł drogę
Gorzałka rok trzymała
Tego zrozumieć nie mogę.

Żal ściska za gardło
Rozpłaczę się mówić nie mogę

Trzy razy nie odgadłeś
Przepadły ci miliony
Ale otrzymujesz cukierka
Powinieneś być zadowolony.

Ogień pożarł go

Dopadły go płomienie
Długie języki ognia pląsy
Zetliły się pampersy
Włosy na głowie i wąsy.

Pieczonych kartofli zapragnął
Rozpalił ognisko w domu
Marzenie się spełniło
Ale tyłek przypaliło.

Niestety wszystko stracił
O mało by życiem przypłacił
Nie może się pozbierać
Jest bardzo sfrustrowany
Aż serce mu zamiera.

A to się często zdarza
Kto w głowie ma nierówno
Najlepiej na takim ognisku
Usmażyć własne g...

Odwrotność powrotność

Odwrócić nie jest tak łatwo
Co przekręcone zostało
Niektórzy próbowali
Nie wszystkim się jednak udało.

Co jest niemożliwe uprzedzam
Nie próbuj odwrócić czasu
Czy wanny do kąpania
Klozetu do załatwiania.

Zwyczajna prosta roślinka
Rośnie na zwykłej ziemi
Jakiś tam czas upłynie
Dlaczego na przykład ziemia
Nie zakwitnie na roślinie?

Przykładów mnoży się wiele
Choćby i nawet u ludzi
Dlaczego najpierw zasypiasz
Żeby się później obudzić.

Z reguły te wszystkie sprawy
Są z góry zaplanowane
I choćbyś się bardzo wysilał
Nie dowiesz się co jest grane.

Co zrobić by siebie zmienić
By życie było lepsze
Wymieni w płucach powietrze
Na czystsze bogatsze w tlen świeższe.

Nie zmienisz prawa ciężkości
Przeciwnie pofruniesz w górę
Doświadczając nareszcie gdzieś tam
Lecących przedmiotów furę.

Po trochu wszystkiego

Spis treści

Tworzyć	5
Porady i rady	5
Prognozy	6
Menda i legenda	6
Łysy	7
Atrakcyjne dziewczyny	8
Dlaczego uśmiech jest pożądany	8
Tryby	9
Serduszko puka	10
Wracaj	10
A co tam	11
Co nasze jest?	11
Szlachetne cele osiągać to	12
Co dalej?	13
Nie chciał być królem	14
Rozmowa z czasem	15
Kaprysy wiosny	16
Małpa i koń	17
Ostatni Walc Mendelejewa	18
Wąsy	20
Rasowy magister	21
Wasi i Nasi	22
Labirynty	25
A	25
Tytanowe serce	26
Smacznego	27
Wiosenny krach	28
Mózg	29
Powrót do życia	29
Matyjaśno	30
Laboratorium prawdy	31
Pomimo że	32
Kwiatowa prawda	32
Sytuacja	33
Fale nienawiści	34
Sukces	35

Po trochu wszystkiego

Prośba do dnia	36
Peru	37
Smukła i Golas	38
Data	39
Wymiana na lepsze czasy	39
Przez to	40
I po co to	41
Kredyty	43
1 - Maja	45
Zapytania grubaska	46
Porywisty wiatr	47
Barwy	47
Wieczorową porą	48
Przebaczenie	49
Różnice	50
Nic mi to	51
Od siebie	52
Całować to	53
Nowocześnie	54
Kopka	55
Sam w cukierni	57
Wszystko można	58
Żaba	58
Dym	59
Pani i czerwone róże	61
Krach	62
Przeszło minęło	63
Rezygnacja	64
Coś nie tak	65
Klimat	65
Świńska sprawa	66
Wypas elity	66
Perpetum mobile	67
Czarne zęby	68
Umartwianie Jana	68
Albowiem nie wiem	70
Iskierka nadziei	71
Myślowy topór	71

Jak mierzyć czas w nas	72
W potrzasku	73
Burzowy deszcz	74
Szambo	75
Emigracyjne wiersze	75
Przyszłość prośba	76
Grosiki	77
Agata i Antek	77
Partnerzy	78
Uciec ale gdzie	79
Zagłada ziemi	80
Zejścia	80
Polityka	81
Zerwać z czasem	81
Ucieczka w nieznane	82
A co dalej	82
Dobra ziemia	83
Ostre niebezpieczne narzędzia	84
Dla Tereski	84
Wycieczka do ogródka	85
Być materacem	85
Chlebek powszedni	86
Uwaga	87
Powód do myślenia	88
Na zielono	89
Kleopatra i Pompejusz	90
Królowa sernika	91
Memory	94
Bal dusz	94
Apele	96
Być wolnym	97
Powiastka wezwanie do sądu	97
A mnie się zdaje	98
Gra o życie	98
Naprawiać	99
Tarcia w demokracji	100
Problemy w demokracji	101
Szablony złych zamierzeń	102

Po trochu wszystkiego

Kultura zanika	102
Spotkania	103
Kwiaty na szczęście	104
Co zrobić	104
Grzeczność	105
Zdziwienie sowy	105
Głupia sprawa	106
Wydarzenie	107
Zakochany karaluch	107
O zgrozo	108
Nie bać się życia to rozkaz	110
Obelgi	110
Możecie i nie możecie	111
Wiosna lato	112
Wrony kraczą	113
Bywa i tak	113
Luksus	114
Lato w pełni	115
Kapeczka radości	115
Burza	117
Niedostatek	118
Wizyta u doktora	119
Istota myślenia	119
Gatunek złego	120
Pytania	121
Sobą być	122
Rozwód i papuga	123
Poemat na czasu temat	124
Te chwile	124
Bardzo ważne Asia wylądowała	126
Naprawiony Pysek	126
Kaprysy życia	128
Recepta na zdrowie	128
Popatrz	129
Pójdę dokończę	130
Istota istnienia humana	130
Dyrygent orkiestry ostatniej	131
Serce	132

Wolność	133
Sojusznicy	133
Grażynka w balecie	134
Dla Joanny	135
Głos wewnętrzny	136
Noc nadeszła	137
Pal to licho	137
Czysta bystra woda	138
Na odwrót	139
Na co czekają ludzie	139
A co jest na stronie tamtej	140
A tam	141
Pijaństwo	142
Nie do wiary	143
Fraszkowe tchórzostwo	144
Natura	144
Śledzony przez czas	145
Duchowy przyjaciel	146
Znaczenie przyszłości dla nas	146
Mój czytelniku	147
O emerycie	148
Czerń nocna	148
Prawda o poezji mojej	149
Wybrańcy popaprańcy	150
Nieudana akcja Belzebuba	151
Adresat nieznany	152
Atrakcyjny koń wyścigowy	154
Rady	154
Manipulacje	156
Nie lękaj się	157
Chcę makaronu	158
Familią byli	158
Popychali	160
Coś z niczego	160
Patrzę i dziwię się	161
Poszarpany	162
Szorstki czas	162
Drogi do sukcesu	163

Po trochu wszystkiego

Dla Dariusza z okazji urodzin	164
Czas się zatrzymał	164
A niby dlaczego	165
Kaprysy natury	166
Zołza	167
Sypnął śnieżek	169
Wiewiórek siedem a Pysek jeden	169
Zły wzorzec	171
Smutne chwile	172
Pomyśleć tak	173
Mój Bóg	173
W piekle kwiaty nie rosną	174
Śmiejący pociąg	175
Szelesty protesty	176
Afery podsłuchowe	177
Wszyscy jak jeden	178
Kamienne serca	179
Kraj w którym się dzieje	179
Z okazji urodzin Patricka	183
Ania ogródek i krasnoludek	184
Zmiany czasu	187
Smuga strachu	188
Kłótnia	188
Ciesz się	189
Oni i my	190
Dwa kosze	190
My wy oni	191
Hańba	191
Inwazja	192
Koniec	193
Limit życia wyczerpany	194
Mali ludzie	194
Niezwykłe urodziny Tereski	195
Spotkania nocne	196
Zmiana hymnu	197
Gonitwa za	198
Lustro i wilk	199
Zaproszeni	199

Stanisław Pysek Prusiński

Domowa radość	200
Odejście	200
Codzienność	202
Miłość i śmierć	202
Moje jest	203
Ginąca puszcza	203
Poranek	204
Zapałka	204
Serca	205
Nadzieją żyć	206
Gdyby tak	206
Trwać i móc	207
Młodości przeszła	208
Wyznawcy	208
Dzieje zabory	209
Chcę tu zostać	210
Kariera	211
Emigracja	212
Szukać prawdy	213
Pary tęsknoty	213
Nasz czas	214
Myśli moje	215
Natura i ludzie	215
Duszności	217
Dziewczyna i wianuszek	218
Ku pokrzepieniu	218
Obdarowano stracony	219
Domysły	219
Spece od rozróby	220
Tożsamość	221
Hasła	221
Co to za życie	222
Lepsze i gorsze	222
Jesienne brązowe liście	223
Bolący ząb	224
Jesień	225
Wyrzec się siebie	225
Miłość i śmierć	226

Po trochu wszystkiego

Moja poezja trwa	226
Rzeka czasu	227
Śmiejmy się	228
Kapitan udręka	229
Nie zapomnieć	229
Ojczyzna jak blizna	230
Chamstwo na co dzień	230
Szaleństwa młodości	231
Pysek na urlopie	231
Data końca świata	232
O jesieni słów kilka	233
O Polsce	233
O jesieni po troszeczku	234
Pomroczność niejasna	235
Co to jest życie?	236
Obdarzony	236
Duch abdykował	237
Szczęście w nieszczęściu	238
Duch i ciało	238
Niemowa i niebo	239
Bez tematu	240
Za nami	241
Ubogi biedak	242
Między poduszką	242
Blady strach	243
Czego się spodziewać?	243
Pytania bez odpowiedzi	244
Królowa nerwów	244
Bezbożnicy	245
Wypadł z gry	245
Ballada o życiu	246
Do spółki	246
Jazda po konflikcie	247
Nie chce reszty	247
Ochłapy	248
Być wzorem	249
Lipa klapa bajer	249
Apelacje z góry	250

Stanisław Pysek Prusiński

Papiery	251
Przybądź dobroci dziękuję	252
Laboratorium czasu	252
Z rannym szelestem	253
Końcówka	254
Drogi do nieba	254
Tak sobie	255
Tereska i spełnione sny	256
Pan i nie pan	256
Rąbnąć	258
Cieszyć	258
Kim jestem	259
Rozprawa	259
Witamina Si	260
Recepta	261
Wstań i kuj	262
Smog	262
Labirynt życia	264
Czar	264
Boginie	265
Nie żałuj	265
I mamy zimę	266
Bać się	267
Sól	268
Fortuna	268
Mamy go	270
Czasowy pan	272
Przebudźcie się	272
Druga ziemia	274
Kwiaty nadziei	275
Myśli policjanta na służbie	275
Zły proch	277
Samochód przyszłości	278
Miła Tereska	279
Prośba chama	280
Pomyłka bratka	281
Szmal	282
Inwestycja w rozumie	283

Po trochu wszystkiego

Róże	284
Monolog	284
A kiedy złodziei zabraknie	285
Syty i głodny	287
Tam gdzie nas nie ma	288
Namolny	289
Torowisko życia	290
Kluski	291
Tańcz ze mną	292
Nadzieje są w nas	293
Bokser obżartuch	293
Nie trzeba klucza	294
Krytyczne spojrzenie	295
Kto buchnął asa?	296
Szara kanapa	297
Pośpiech	299
Przetrwać	300
Szkoła picerów	301
Pewien pan	302
Tacy jak my	303
Duszka w parku	304
Sztućce	305
Kawa	307
Oj	308
Świętujmy razem	312
Wdzięki i lęki	315
Makaron nitki	316
Zaginiony	317
Ogień pożarł go	319
Odwrotność powrotność	319

Stanisław Pysek Prusiński

www.ingramcontent.com/pod-product-compliance
Lightning Source LLC
Chambersburg PA
CBHW071952070526
44583CB00015B/1161